指揮権発動

造船疑獄と戦後検察の確立

渡邉文幸 著

信山社

〈…われわれは「山猫」や「ライオン」だった。われわれの後継者たちは「金狼」であろうと、「羊」であろうと、われわれはすべてわれわれを「地の塩」と考えつづけるだろう〉

（G・T・ランペドゥーサ『山猫』佐藤朔訳）

目次

目次

目　次

はじめに

昭和電工事件をしのぐ戦後最大級といわれた造船疑獄は、日本が独立回復直後の一九五四年、検察が誕生後間もない東京地検特捜部を全力投入して手がけた、初の本格的な贈収賄事件である。そして敗戦後日本の復興再生を牽引した吉田政権を崩壊させ、翌五五年の保守合同・自由民主党結党の重要なモメントとなった。

昭電も造船も、戦争で疲弊した基幹産業が、経営再建のため、政策融資の獲得や自分に有利な立法を画策し、政官財界に巨額のカネをばらまいたという点で共通している。

しかし、その政治的意味、政官業界に絡むスケールと底の深さにおいて、造船疑獄は、後のロッキード事件と並び、戦後疑獄史に特筆される。そして法相の指揮権発動により特捜部捜査が挫折した、日本検察史において、極めて特異な事件である。

これまで造船疑獄・指揮権発動については、「政府、検察が正面衝突」「検察が政治に屈服した」敗北とみられてきた。それも単に検察が政治に押し切られたというだけでなく、思想検事と経済検事の派閥抗争を背景に、前者の中心人物であった検察高官が首相官邸に指揮権の発動を入れ知恵したというのが通説となっている。

「東京地検が初めて独自の捜査力を発揮できる画期的な事件になるはずだったが、政治権力に屈服を余儀なくされて終息した」「昭電以来、突っ走ってきた馬場―河井の特捜検察が、『政治』に対して初めて味わう敗北であった。東京地検の第一線検事たちの怒りもすさまじかった」。そして、「その夜、東京地検の建物から『昭和維新』の歌が聞こえてきた」という伝説的なエピソードも残っている。だが実際にそれを聞いたものは見当たらない。

ここから「正義の特捜」対「巨悪の政界」という単純化された対立構図が誕生し、ひとり歩きを始める。ときには政界の顔色をうかがい、「正義の特捜」を掣肘しようとする「法務省」がこれに付け加わり、「特捜対政界・法務省」の図式となる。この対立図式を基本に、マスコミばかりか検察までを巻き込んだ、「指揮権発動」の呪縛と幻想がつきまとうことになる。以降、日本検察史の通奏低音となって流れ続ける。

しかし、造船疑獄・指揮権発動を実証的に追究していくと、従来の通説への重大な疑問にぶつかる。それればかりか、通説を覆す多くの驚くべき事実に突き当たる。「政府、検察が正面衝突」したのとはまったく異なった実像が出現する。真実は重層的である。

造船疑獄以降、ロッキード事件でも指揮権は発動されることはなかったし、造船疑獄のような形での法相の指揮権は、もはや実際には使えないに等しい。古典的な単純図式では、もう事件は解明できない。それでもなお政官財界を巻き込む贈収賄事件が起きるたび、「指揮権発動」が想起されるのは何故だろう。

その単純図式は、往々にしてマスコミのひとりよがりの物語であったり、検察捜査の行き詰まりのひとつの表現だったりするのである。そこから「正義の特捜」のヒロイズムが生み出され、特捜神話や検察絶対主義がつくり出される。一部マスコミは、いまもなお特捜部に「最強の捜査機関」との賛辞を贈り、「特捜捜査が歴史をつくる」という偏狭な検察史観から抜け出せないでいる。

事件は、「特捜の鬼」や「特捜のエース」がつくるものではない。事件は、ひとがつくるのではなく、その時代の空気のようなものによってつくられる。その意味で、事件はその時代を色濃く反映しているといえる。

起訴独占主義・起訴便宜主義に依拠した検察はそれ自体政治である。法相の指揮監督権が検察庁法に明確に規定されているように、行政権としての検察の本質的な性格である。問題は、検察がその限界にどこまで肉薄できたかではないだろうか。それをあえて不正確で曖昧な単純図式に置き換えることは、むしろ問題の本質をそらすことになる。

造船疑獄の指揮権発動のほんとうの知恵者は一体誰だったのか。またそこにはどんな事情があったのだろうか。いまなお戦後検察史において最大のナゾであり、日本戦後史の陰の部分となっている。

関係者の証言や日記を照らし合わせ日本検察史の中でもう一度とらえ直すと、これまで伝えられてきた物語とはまったく異なった真実がみえてくる。

この造船疑獄・指揮権発動の真相を究明することによって、初めて「指揮権発動」の呪縛と幻想を解き、特捜神話や検察史観を打ち破ることができるのではないだろうか。歪められた虚像ではなく、検察の実像がとらえられなければならない。

造船疑獄をめぐり、講和・独立後の保守体制構築を急ぐ末期吉田政権と戦後検察の確立をめざす検察権力との鋭い対立と激しい暗闇の真相は何だったのだろう。

民主主義社会では、検察に過度な期待を寄せるのは誤りであり、検察は決して「正義の権化」になってはならない。検察の歴史を知ることから、現代検察の実体がみえてくる。「検察が政治に屈服した」といわれる造船疑獄、その後の「特捜対政界」の原点となる「指揮権発動」を解明することは、日本検察の現代的な意味を問い直すことでもある。

Ⅰ　造船疑獄事件

一　ひょうたんから駒

ヤミ金融事件

当時の特捜検事で元検事総長の伊藤栄樹は、「この事件は、一般に信じられているところとは違い、実は、ひょうたんから駒が出たような事件であった」と述懐している。造船疑獄とはおおよそ次のような事件だったという。

その発覚の端緒はささいなヤミ金融事件だった。一九五三（昭和二八）年八月、有名な高利貸で「江戸橋商事」を主宰する森脇将光から東京地検特捜部に対し、その番頭と日本特殊産業社長についての告訴があった。その調べを進めるうちに、何の実体もない特殊産業が山下汽船、日本海運両社から多額の不正融資を受けていることがわかった。

そこで、五四年年明け早々、両社などを捜索するとともに、その幹部を検挙し、取り調べた。その結果、運輸省官房長に対する贈賄の事実や新造船の建造請負に関し、日立造船、浦賀ドックなどから多額のリベートを受け取っている事実が発覚した。このリベートは、飯野海運、東西汽船、日本油槽船、中野汽船などの海運会社にも及んでいた。一部の会社では、計画造船をめぐり、運輸省関係者に贈賄している事実も判明した。

さらに海運会社関係の捜査が進むに連れ、海運助成法案や五三年度予算案の国会審議をめぐって、会社幹部と国会議員との間の贈収賄、また日本船主協会、日本造船工業会幹部と国会議員との間の贈収賄の容疑が明らかになった。しかし、捜査は、突然の法相の指揮権発動によって終息してしまった。起訴された国会議員は有田二郎、関谷勝利、岡田五郎の各衆院議員、加藤武徳・参院議員の計四人である。このほか指揮権発動で収賄罪による起訴を免れた自由党の佐藤栄作・幹事長が政治資金規正法違反で起訴された。

造船疑獄と指揮権発動は、戦後日本の復興と講和という歴史的使命を終えた吉田内閣の幕引きと、保守合同を方向づけることになる。

黒い簿冊

特捜部の捜査の軌跡をもう一度たどってみよう。

森脇将光の被害の中に、山下汽船振り出しの一千万円の約束手形二枚があった。主任検事となった河井信太郎は、山下汽船といえば一流の船会社であり、どうして高利貸に二千万円もの手形を振り出したのかと疑念をもった。名宛人の日本特殊産業社長の猪股功を調べると、山下汽船、日本海運両社が猪股に多額の不正融資をしていることが明らかになった。

翌五四年正月七日、特捜部は両社の強制捜査に踏み切り、山下汽船の専務・吉田二郎と監査役・菅朝太郎、日本海運の社長・塩次鉄雄を商法違反（特別背任）容疑で逮捕した。造船会社から受け取ったリベートを会社の正式経理に組み入れず、回収の見込みもないのに猪股に浮き貸しして焦げ付かせ、会社に損害を与えたという疑いである。

続いて同一五日、山下汽船社長・横田愛三郎を同容疑で逮捕し、翌日には船主協会を捜索するなど事件は一気に拡大する。山下汽船社長室の金庫から押収した書類の中に、黒表紙の簿冊数冊と数年分の日記がみつかった。

「横田メモ」と呼ばれるこの黒い簿冊には、政界三十数人に対する政治献金とみられる記録があった。日記には「何日に誰大臣にあってどういうことを頼んだ」などと詳細に書かれていた。調べていくと、多くの船会社が議員や大臣に金を渡し、計画造船の財政資金の融資割当をめぐり運動していたことなどがわかった。このうち日通関係の不正貸付は陸運疑獄の端緒となる。

船価の一％程度がリベートとして造船会社から海運会社へ割り戻されるのが慣例とされ、これが裏金となって政治家へのヤミ献金の原資になっていた。後のロッキード事件につながる構図である。

最初の収賄容疑者として、一月二五日に運輸省官房長・壺井玄剛が逮捕された。計画造船の適格船主選定にあたり山下汽船のために便宜を図り、賄賂を受け取った容疑である。

特捜部は翌二月八日、山下汽船の取引先の日立造船、浦賀ドックを捜索し、壺井官房長に対する贈賄容疑で名村造船にも捜索の手が入った。さらには同二五日、飯野海運、東西汽船、日本油槽船など海運八社を一斉捜索（第二次）し、飯野海運副社長・三盃一太郎ら七人を特別背任容疑で逮捕した。

次いで三月一一日、飯野海運社長・俣野健輔を日立造船、浦賀ドックからの約一千四〇〇万円のリベートに絡む特別背任容疑で逮捕するとともに、播磨造船、川崎重工にも捜索（第三次）は拡がった。同一七日、照国海運、三菱海運、日東商船のタンカー三社も捜索（第四次）した。

飯野海運は、敗戦直後に舞鶴の旧海軍工廠の払い下げを受け、五〇年には日本初の大型タンカーを竣工させた。翌年には、日本郵船、大阪商船の国際定期航路に対抗し、北米航路に進出するなどの政治力をみせた。本格的な計画造船が始まった第五次以降も毎次一、二隻の割当を獲得し、九次後期までに計一一隻を建造し、業界の注目を浴びた。

五三年四月には、保有船腹、総トン数は郵船・商船をしのいで日本一となった。その俣野社長は船主協会を牛耳る中心人物で吉田側近派にも近かったことから、俣野逮捕によって大物政治家への波及が必至とみられた。

森脇メモ

東京地検特捜部は五四年当時、造船疑獄をはじめ、大規模金融詐欺の保全経済会事件、日本殖産金庫事件と同時期に三つの大型事件を抱えた。

当時の特捜部副部長で元検事総長の神谷尚男は、「造船は初めのうちの捜索令状を請求するときには、私が副部長として判を押していたが、私は間もなく保全の方に移った。造船の方は、最初は山本清二郎・特捜部長が主任だったが、河井君の方に移っていった。あちらは部長直属の事件で、保全は私が、日殖は刑事部長だった本田正義君が担当した」と、筆者に語っている。

この造船、保全、日殖の三事件を同時に抱え込んだ特捜部が応援に上げた検事は実に四〇人を超えた。もともと東京地検は検事一二〇人を擁する日本一の大地検だったが、刑事部、公判部、八王子支部からもベテラン検事を上げた。地方からは大阪地検の別所汪太郎らが応援に駆けつけた。

この当時の東京地検、東京高検、最高検はあちこちに分散していた。地検は赤煉瓦の最高裁の裏側、弁護士会館の前の古びた四階建の焼け残りビルだった。これはもとの監房で、このビルだけでは足りないため、地裁バラックの一部に間借りしたり、厚生省の向かい側の二階建、木造モルタルのバラックにも分散したりしていた。このバラックは、二階が東京高検、一階が地検の公判部と検務部の寄り合い所帯だった。また最高検は赤煉瓦の法務省の最高裁寄りに入っていた。

政府は、捜査費用の緊急追加約八千万円を閣議決定した。これによって小菅の拘置所の取調室も拡充され、防音完備の四〇室が新たに増設された。

造船疑獄で地検が行った家宅捜索は二〇〇回近く、押収した証拠書類で本館四階の倉庫はあふれかえり、本館裏の木造庁舎二階を代用倉庫に改装して収容した。会計帳簿、船の青写真、名刺つづり、銀行通帳、高級料亭のツケまで種々雑多なものが証拠として押収された。これを約五〇人の検察事務官が、血まなこになって、深夜まで解読に当たった。

この間、地検捜査の行方が注目される中、衆院決算委員会（田中彰治・委員長）は二月一九日、造船疑獄の火付け役の森脇将光を参考人招致し、証言を求めた。

疑獄の全容が次第に明らかになり始めていただけに、政官財界への爆弾発言も取りざたされた。衆院第九委員室は、報道陣と傍聴人であふれ、外の廊下にまで傍聴しようと人が詰めかけた。

森脇は、造船融資をめぐり、現職大臣数人を含む政界要人や開銀総裁などの財界人が赤坂の料亭「中川」などで懇談を重ねていた事実や、その人物の名前を記したメモを田中委員長に提出した。赤坂の料亭の女将から「中川」などが船会社で景気がいいことを小耳に挟み調査したという。

田中委員長は、森脇メモについて、「今これを発表すれば今日にでも吉田内閣がつぶれるようなことになるかも知れない」と発言し、さらに火に油を注いだ。反吉田派の河野一郎と気脈を通じた田中は、森脇メモを利用して吉田内閣に揺さぶりをかけた。

参考人の森脇は、「今度の造船疑獄の問題で、馬場検事正、田中次席、山本特捜部長、河井検事、これは昭電事件のトリオである。同時にまた今度のトリオである。また昭電事件に登場しておる『中川』『長谷川』というものが、ここにも出てきておる。それから昭電事件のときは秀駒の登場で、今度は人こそ違いますが、やはり秀駒というものが登場して活躍しておるわけです。そういうことに興味を持ちましたために、私は私なりにいろいろ『中川』とか『長谷川』というところについて調査してみたのですが、ほとんど毎夜のごとく芸者何十名かをあげて、財界、政界さまざまな一夜の大宴会が催されておる」などと証言した。

決算委では、「中川」には犬養法相も出入りし、逮捕二日前に山下汽船の横田社長と会っていた事実も明らかになった。国会で、追及された法相は「『中川』に饅頭を買いに行った」と何とも珍妙な答弁をした。

一躍有名人となって一時身を隠した赤坂芸者の秀駒は、五月になって姿を見せた。劇作家の菊田一夫宅で記者会見し、「余り申し上げたくありませんが、私が『陰で躍った女』などといわれることだけは心外です。私は商売のこと以外は何も知らなかったのです」などと語った。その後、「芸者秀駒」は、菊田一夫の原作で映画にもなった。

森脇メモは公表こそされなかったが、右派社会党の佐竹晴記・衆院議員が、それと同じものとして「佐竹メモ」を公表した。

それによると、八ヵ月間に「中川」で宴会が五〇回近く開かれ、延べ六〇〇人を超える芸者が宴席についた。その内訳回数は、飯野海運二五、照国汽船、浦賀ドッグ各四、播磨造船三、日本郵船、日平産業各二、山下汽船、中央汽船、日本海運各一などである。その席に出席した業者や政治家名なども挙がっている。

期限付き逮捕許諾

特捜部の捜査は、飯野海運への強制捜査を境に、業界から政界に重点が移っていった。政界への初の逮捕状は二月二四日、衆院議員で自由党副幹事長・有田二郎に対して執行された。直後の二八日には、自由党の池田勇人・政調会長に対する事情聴取も行われた。

名村造船の顧問でもあった有田は、壺井官房長に対し、第九次後期計画造船の割り当てに関して同社を有利に取り扱うように頼み、同社幹部と共謀のうえ謝礼として五〇万円を贈ったという贈賄容疑である。

有田逮捕については、同二月一六日に逮捕状の請求が出されたが、国会開催中のため、東京簡裁から衆院に逮捕許諾請求がされた。衆院は同二三日、「予算案の審議が大事である」として、三月三日までの期限付の逮捕を許諾した。議院運営委員会でいったん否決された「期限付」動議を自由党が本会議に再び提出し、議運の決定を覆した。

これに対し、検察は「司法権への国会の不当な干渉」と反発し、箇裁の逮捕状、東京地裁の勾留状にも期限は付かなかった。このため弁護側は準抗告して争ったが、地裁は「期限付で逮捕を許諾すること自体が違憲無効」として棄却した。しかし、一〇日間の勾留期間が過ぎ、地検が勾留期間延長を申請したところ、地裁は却下する。三月七日深夜、処分保留のまま釈放された有田は、「河井検事の私恨だ」などと検察を非難した。

一方、特捜部は、西郷吉之助、松野頼三ら数十人の議員を調べ、横田メモや俣野自供などの裏付け捜査を続けた。特捜部に押収された横田メモの内容を朝日新聞が暴露する。

それによると、横田、吉田供述では献金先の政治家は三十数人、ひら議員から閣僚にまで及び、総額約二千万円という。池田勇人に二〇〇万円（参考人として事情聴取され全面否認）、松野頼三に約八〇〇万円（吉田側近の父鶴平工作で、授受をほぼ認めた）、佐藤栄作、郡祐一各一五〇万円、高橋円三郎一三〇万円、岸信介一〇〇万円などである。

このほか、前年四月の総選挙前に広範囲の付け届けがメモに記載されており、鳩山一郎、重光葵・改進党総裁各三〇万円、林譲治、益谷秀次各二〇万円をはじめ、岡崎勝男・外相三〇万円、石井光次郎・運輸相、犬養健・法相各二〇万円、関谷勝利三〇万円も記されているとしてしている。

これに対し、重光、鳩山、石井の三人は「事実無根」などと否定し、犬養は「二〇万円もって来たことは事実だが断った」などとコメントした。五四年の大学卒の銀行員の初任給が五千六〇〇円、国家公務員上級職の初任給は八千七〇〇円の時代である。

続いてタンカー協会会長の三盃の供述からタンカー関係の贈収賄が判明し、四月一四日に衆院議員・岡田五郎、同・関谷勝利、翌日に参院議員・加藤武徳（いずれも自由党）が収賄容疑で逮捕され、順次起訴された。三人とも国会の逮捕許諾を得たが、有田のときのような条件は付されなかった。

この間、計画造船実施時の船主選考に関する運輸官僚の追及も並行して進んだ。海運局監督課長・土屋研一、同課監督係長・高梨由雄、海運調整部長・国安誠一、経済審議庁審議官・今井田研二郎らが収賄容疑などで逮捕、起訴された。

捜査の手は次第に政界中枢に伸び、与党・自由党幹事長の佐藤栄作、同政調会長・池田勇人に対する疑惑が深まった。

二　佐藤逮捕すべし

まな板の鯉

特捜部は四月二日、石川島重工本社など一〇ヵ所の一斉捜索（第五次）を行い、同社社長で造船工業会副会長の土光敏夫を特別背任容疑で逮捕した。同一〇日には造船工業会会長の三菱造船社長・丹羽周夫、船主協会理事の三井船舶社長・一井保造らを贈賄容疑、自由党会計責任者・橋本明男を収賄幇助容疑で逮捕した。また特別背任容疑で逮捕・勾留中の俣野を贈賄容疑で三度目の逮捕をし、捜査はいよいよ佐藤と池田に迫る。

俣野自供を中心にした船主協会、造船工業会関係の調べから、自由党に対する両者の献金や飯野海運などの佐藤幹事長、池田政調会長へ贈られたカネの趣旨が問題となった。

佐藤幹事長は、利子補給及び損失補償法（第二次利子補給法）に絡み、船主協会、造船工業会から各一千万円を自由党に供与させた第三者収賄と、飯野海運・俣野社長から佐藤個人として二〇〇万円を受け取った受託収賄容疑だ。また池田は、日本郵船、大阪商船、三井船舶、飯野海運の四社から計二〇〇万円を受け取ったという収賄容疑だった。

特捜部の最終目標は、佐藤幹事長と池田政調会長の二人に絞られた。東京地検の馬場義続・検事正と河井主任検事は捜査会議で、「まず佐藤を逮捕すべきである。その後、池田も逮捕する。証拠は完全にそろっている」と強硬に主張した。そして贈賄側・俣野の勾留満期を前に、収賄側・佐藤逮捕の必要性を説いた。

一時、二人の同時逮捕も検討された。池田は受け取ったのが訪米直前だったため餞別との見方が強まるが、佐藤は容疑濃厚とみられた。この佐藤栄作の逮捕の可否をめぐり、佐藤検事総長のもとで連日頻繁に首脳協議が重ねられた。

河井は、自著の中で「儲かるときは多額の配当をして不景気になったから今度は借金の利息を半分国民に払ってくれというような虫のいいことは許されない」と指摘し、次のように述べている。

船会社が自由党幹事長であったS氏の所へ依頼に行ったら、「よろしい、それじゃそういう法律案を自民党（ママ）でまとめてやろう。その代わりこの前の総選挙をやったときに自民党（同）に二〇〇〇万円の借金が残っているから、その二〇〇〇万円の金を持って来い。そうしたらこの法案を自民党でまとめて出してやる」という要求をした。

しかし、法律案を国会に提出するには、まず与党の政調会、総務会などの党内手続きを経なければ、政府がいくら出そうとしても法案を提出できない。

「船会社の集まりである船主協会が、利息を半分にまけてもらうと、いくら金利の負担が軽くなるかちゃんと計算している。船主協会としては、これだけ助かるから二〇〇〇万円出しても安いものではないか。あとは、国家がやってくれるんだからといった考えである。そんな勝手な話はない。私は、S氏を逮捕すべきだといった」。

第二次利子補給法の成立をめぐり、恩恵を受けた海運業界では船主協会、造船業界では造船工業会が、改進、分党派自由、自由の保守三党に献金することに決定した。

このため船主協会では、総務委員長の保野理事らが音頭をとって加盟各社から五〇年から五三年間の新造船について、一トン一〇〇円の割合で金を集めた。当時の集金目標は約二千三〇〇万円とされたが、集まった金額は一千七、八〇〇万円に過ぎなかった。不足額を補うため、俣野が中心になって、日本郵船、大阪商船、飯野海運、三菱造船の四社に特別の割当をして工面した。

このカネが、五三年九月に自由党に会計責任者の橋本を介して、佐藤幹事長に届けられた。改進党には政策委員長の三浦一雄・衆院議員を通じて重光総裁に約三〇〇万円、分自党へもほぼ同額が贈られたとされた。

疑獄捜査に並行して、政局も保守合同へ向け急速に動き出していた。四月一四日未明、佐藤幹事長は、検事正官舎で秘密裏に、河井主任検事から第一回目の取調べを受けた。一七日にも河井検事の取調べを受ける。

当時、国警本部の警備部警邏交通課長だった後藤田正晴・元副総理は佐藤と顔見知りだった。「渦中の佐藤さんと衆院議員食堂でばったり隣り合わせた。すると佐藤さんは『こうなったらまな板の上の鯉だよ』と苦笑していた」と、後藤田は筆者にこのときのことを語ったことがある。

翌一五日には改進党の重光総裁、同顧問の三木武夫が、一六日には池田が四回目の事情聴取を受けた。大阪商船専務の斎藤明も贈賄容疑で逮捕される。

検察首脳会議

検察捜査は風雲急を告げる。

検察側は、四月一七日土曜日午前一一時から、第一回目の首脳会議を検事総長室で開いた。窓を背にした佐藤検事総長を中心に、最高検から岸本義広・次長検事、市島成一・刑事部長、高検から花井忠・検事長、長部謹吾・次席、地検から馬場検事正、田中万一・次席、山本清二郎・特捜部長、河井主任検事、法務省からは清原邦一・事務次官、井本台吉・刑事局長、長戸寛美・刑事課長のフルメンバーが円卓を囲んだ。佐藤は裁判官出身、花井は前年に弁護士から任官したばかりだ。この日は二時間ほどで会議を終え、佐藤総長は「なお捜査不足の点もある」として、結論を翌週に持ち越す。

翌一八日日曜日、朝から河井検事が聖路加病院に出向き、船主協会会長の日本郵船社長・浅尾新甫を臨床尋問した。この日、犬養法相は密かに緒方に辞意を伝えていた。いよいよ事態は緊迫の度を深める。

当時、検事総長室は法務省赤煉瓦庁舎二階の南隅にあり、法務大臣室はこれと対照的に庁舎の北隅にあった。その間は、丸電球のぶら下がった、長さ百数十メートルに及ぶ赤絨毯の廊下一本しかない。その二つの渦を中心に事態は大きく揺れ動いた。小柄の佐藤検事総長が、群がる新聞記者をかきわけながら、廊下に散乱するタバコの吸い殻を踏みつけ、ゆっくりと総長室と大臣室との間を何度も往復した。

四月一九日月曜日午前九時半、佐藤検事総長が登庁すると、佐藤幹事長の弁護人である松阪元司法相、福井元検事総長、俣野社長の弁護人の佐藤博・前東京高検検事長の三人が待ち受けており、岸本次長を交えて協議した。向こう側の様子見であろう。

午前一〇時過ぎ、佐藤総長は、大臣室を訪れ、犬養法相に対して、佐藤幹事長の逮捕請求許可の指揮を口頭で仰いだ。清原次官、井本刑事局長が立ち会った。これに即答を避け、法相は、「問題が重大だから慎重に検討したうえ結論を出すように」指示した。

午前一一時、佐藤総長が最高検に法相の指示を持ち帰り、第二回目の検察首脳会議を開いた。東京は六月下旬並みの暑さとなった。

午後四時半、佐藤総長が犬養法相を訪れ、首脳会議の模様を報告し、法相に再び処分請訓した。しかし、法相は、やはり応じようとはせず、逮捕延期の指揮権発動の意向を示した。熱気がこもる総長室で、会議は夜まで延々八時間に及んだ。

この後、犬養法相は、大臣室で会見し、「結論を持ち越したのは法律上の問題が原因だ」などと語った。興奮気味の法相は会見で、秘書の出したウィスキーをがぶ飲みした。午後九時には、法相は芝二本榎の副総理公邸に緒方を訪れ、二時間ほど協議をしている。

法相の「法律上の問題」は、佐藤幹事長の逮捕容疑が「第三者収賄」という通常のケースとは異なることを意味した。第三者収賄罪とは、公務員が賄賂を自ら収受せずに、自己と何らかの関係ある第三者に提供させるもので、請託を受けた場合に限り、成立する収賄罪である。通常の収賄罪のように職務に関し賄賂を自分がもらうことで成立するのではなく、第三者に渡すことに特徴がある。

佐藤幹事長の場合、前年に船主協会、造船工業会から第一次利子補給法の修正、予算措置などを含めた「謝礼」として自由党に入った計二千万円のヤミ献金が第三者収賄の容疑が濃いとみられた。

明けて二〇日火曜日午前八時二〇分、犬養法相は芝白金の首相公邸に呼ばれ、吉田首相、緒方副総理と短時間の会談をした。法相は、同九時過ぎには法務省に登庁し、直ちに佐藤検事総長を呼び、清原次官を交えて三〇分間ほど協議した。その後、最高検では第三回目の検察首脳会議が始まった。

午後一時半、佐藤検事総長は、首脳会議から大臣室に犬養法相を訪ね、逮捕処分請求の請訓を重ねて求めた。法相の返答は変わらず。総長は、取り囲む記者団に、「検察の方針は変わりはない」とだけ語った。これを受け、法相は再び首相官邸の緒方のもとへ走った。

夕六時半、佐藤総長が、犬養法相を三たび訪れ、逮捕処分請訓の検察の最終方針を正式に伝える。大臣室を退室した佐藤は、「結論は出ました。あとは法相にお任せしました」と語った。夕方からは都心に春雷が鳴り響き、夕立ちと落雷があった。

同夜八時ころ、意気消沈した犬養法相は、清原次官と井本刑事局長を伴い、雷雨の中を三たび緒方副総理を訪れ二時間余り会談した。このとき副総理公邸にいた緒方腹心の議員が、朝日新聞の記者に、

「指揮権発動だよ。佐藤逮捕は認めないことにした」とつぶやいた。これが翌日朝刊のトップを飾り、「〝佐藤逮捕〟認めず　法相、指揮権を発動」の記事となる。

午後一〇時過ぎ、法相は法務省に戻り協議を重ねた。その後、清原らは検察首脳会議に報告し、断続的に一二時間以上に及んだ会議は深夜一一時半ようやく終わった。佐藤検事総長から犬養法相に、佐藤幹事長の逮捕請求許可の稟請書が正式に送られた。

首脳会議を終えた総長室には、さすがに憔悴し切った佐藤総長のほか、馬場検事正、田中次席のみが居残った。結局、この日、法相と検事総長の会談、法相と副総理の会談は各三回もたれた。

暫時逮捕延期

翌二一日水曜日午前一〇時前、登庁した犬養法相は直ちに、大臣室に清原、井本を呼び、最終的な協議をする。法相の指揮書の内容が確認された。午後零時二〇分、法相は、佐藤検事総長に対し、佐藤逮捕を暫時延期するように書面で指示した。いわゆる指揮権発動である。同零時半、法相は大臣室で、指揮権の発動を記者発表した。

大臣室前に詰めかけていた記者団が一斉に部屋になだれ込む。マントルピース前のソファに深々と座った犬養健法相が、法務省用箋に書かれた談話を淡々と読み上げた。カメラのフラッシュを一身に浴びた犬養の顔は少し青ざめ、発表文を持つ左手は心なしか震えていた。

「昨二〇日付で今朝、自分の手元に検事総長から自由党幹事長佐藤栄作氏の第三者収賄等のいわゆる汚職案件につき、逮捕請求許可の請訓があったが、事件の法律的性格と重要法案の審議の現状に鑑みて、本件は特別例外的事情にあるものと認め、国際的、国内的法案通過の見通しのつくまで暫時、逮捕請求を延期し任意捜査を継続すべき旨を指示した。この指示は検察庁法一四条の規定に基づいてなされたものである」

大臣を取り囲んだ記者からは、犬養法相に矢継ぎ早の質問が飛んだ。

──暫時逮捕を延期するとは。

「重要法案成立までということで、その時期は内閣と相談のうえ決める」

──法案の成立は逮捕に優先するのか。

「重要案件を国会で成立させることが、この事件の捜査よりも内閣の重要任務であると考える」

──幹事長だから逮捕を延期するのか。

「幹事長だからといって治外法権で逮捕してならぬというわけではない。政党内閣のもとでは、国際的重要法案を通過させるためには幹事長の逮捕は例外的に延ばすべきだ。しかしながら、犯罪の内容や人間としては、法の前に幹事長といえどももちろん平等である」

──国際的重要法案とは何か。

「教育関係法案、防衛関係法案などだ」

――この措置について国会で野党が強く攻撃すると予想されるが。

「この措置をとったのは私の責任である。手際の悪かったことはあるが、判断した根拠は談話の通りだ。首相の責任では決してない」

一方、佐藤検事総長は同じころ、会議室に集まった最高検検事らに指揮権が発動されたことを説明し、「これもすべて私の不徳のいたすところ」とわびた。

そして「これまで前例のなかった法相の権限の発動なので、今後検察陣において捜査を続けるうえに相当困難を来すだろう。この発動については私としては遺憾に思っている」との総長談話を発表した。記者団には、「山に登り、八、九合目当たりで急に障害にぶつかったようなもので、これからは回り道をしながらよじ登らなければならない」と苦笑した。

佐藤検事総長は一月ころから、数度にわたって疑獄事件の捜査見通しを犬養法相に説明し、政府の対応を要請した。犬養法相も初めは佐藤幹事長逮捕の方針を認めていたという。馬場検事正は、東京拘置所の休憩室でぼう然とする検事たちを前に、涙を浮かべて頭を下げた。

腐った魚

犬養法相は翌二二日辞任、捜査は頓挫し、急速に終息に向かった。犬養の後任法相には医師の加藤鐐五郎・国務相が就いた。法相に就任した加藤は、「薬の分量は分かっても犬養君のやった後のことなどわからない。何がなんだかさっぱりわからぬが、ともかく公正に」と言うのが精いっぱいだった。

同日、参院本会議では、野党が指揮権発動による首相の政治責任を問いただした。これに対し、吉田首相は、「検察庁に対する指揮権は明文にある。これを使ったのが何故悪いか私にはわからない。政府に対する国民の信頼は未だ去らないと考えている」と反駁した。

しかし、この指揮権発動による混乱で、海運・造船会社幹部は次々と保釈となる。改進党国対委員長・荒木万寿夫に対する逮捕許諾請求は四月二四日、衆院本会議で否決されてしまった。さらに参院本会議は四月二三日、指揮権発動に関し内閣に警告する決議を賛成多数で可決した。

三回逮捕された飯野海運・俣野社長は四月三〇日、贈賄関係は処分保留のまま、造船四社からの一億余円のリベートをめぐる特別背任罪で起訴され保釈となった。「造船の本命」とみられた俣野が保釈されたことで、検察は「贈収賄の筋は崩れた」との感を深めた。

国会閉会直前の六月九日、加藤法相は、佐藤検事総長に対する前法相の指示について、六月一五日の第一九国会閉会とともに「自然消滅」するとの指示を出した。だが検察は、「腐った魚は料理できない」と反発して、佐藤幹事長の逮捕を見送る。

佐藤検事総長は国会閉会の翌一六日、「既に犯罪の捜査において極めて重要な意義を持つところの被疑者逮捕の時機を逸した現段階においては、佐藤氏を今更逮捕しても到底当初の収賄容疑事実について起訴するに足る証拠の収集が望めない状態に至った」との談話を発表した。同日、佐藤幹事長らを政治資金規正法違反で起訴した。

七月三〇日、佐藤検事総長は造船疑獄の約七ヵ月に及ぶ捜査の終結を宣言した。佐藤総長は、「できる限りのことはやったので、反省しなければならないことはあるにしても、これ以上は誰にもできなかっただろう」と、事件捜査を振り返った。

飯野海運、山下汽船が造船会社から受け取ったリベートに関する特別背任罪については起訴されたが、造船会社はリベートの使途などからすべて不起訴となった。

また五二、五三年の総選挙に際し、海運会社は、多数の候補者に陣中見舞いとして、リベートから寄付を行っていた。このうち多数の現職議員を含む二十数人の候補者については、公選法違反の事実が認められた。しかし、相当日時が経過していることから、佐藤総長は、「公選法が短期時効制度を認めた法意に照らし、今更これを違反の罪に問うことは妥当を欠く」などとして、起訴猶予処分としたことを明らかにした。

被疑者は一二二人、うち七一人を逮捕し、三四人を起訴した。海運会社一五社、造船会社一一社を捜索し、参考人聴取は政官財界人ら約七千八〇〇人、証拠物件九万五千点に達した。造船会社から海運会社に流れたリベートは二億六千万円、政官界に流れた金は一億二千四〇〇万円だった。参考人調べを受けた運輸省課長補佐と石川島重工重役の二人の自殺者を出した。

II　保守合同前夜

一　吉田の時代

吉田内閣の誕生

造船疑獄と指揮権発動は、結果的に戦後日本の保守政治の基礎を築いた吉田政権の命運を断ち、保守合同を決定づけた。造船疑獄の全体像を理解するために、吉田茂の時代から振り返ってみる。

太平洋戦争の敗北に伴う連合軍の占領により日本の旧体制は崩壊した。日本国憲法の下に再編されるまで、戦後日本の政治は未曽有の激動と混乱が続いた。

四六年四月、敗戦後最初の総選挙が実施され、鳩山一郎・総裁の日本自由党が一四〇議席を獲得し、過半数には達しないものの第一党となった。進歩党は九四議席を得て第二党となり、連合国軍総司令部（GHQ）などの民主化政策にもかかわらず、第一党、第二党を保守政党が制した。

旧政友会鳩山派を中心とする保守政党として前年一一月に結成された自由党は、当時最も保守的とみられた旧民政党系中心の進歩党よりも清新なイメージをもっていた。この総選挙では、婦人参政権や大選挙区制、公職追放などにより、新人議員の当選者が八割以上を占め、婦人議員三九人が誕生した。また社会党が九三議席の第三党に躍進し、共産党五人が議会に初進出する。

幣原喜重郎内閣総辞職を受けて、第一党となった自由党の鳩山総裁に組閣の大命が下るのは必至とみられたが、後継内閣問題は紛糾した。極東国際軍事裁判が開廷された翌日の五月四日、GHQが覚書で鳩山自由党総裁の公職追放を政府に通知したためである。

これにより自由党の単独組閣の基礎は崩れ、自由党と進歩党、社会党の連立構想をめぐり、政局は混迷を深める。進歩的な中道政治を画策する民政局（GS）は、参謀第二部（G2）と敵対し、社会党首班の連立内閣実現をねらった。

結局、鳩山に代わり自由党総裁となった吉田茂がようやく組閣する。幣原内閣の総辞職から五月二二日の第一次吉田内閣の成立までの一ヵ月間は、政局の混迷に加え、インフレと食糧危機を背景に大衆運動が激化した。戦後最初のメーデーとなった五月一九日の食糧メーデーでは、二五万人が皇居前に押しかけ、大衆運動はその頂点に達した。

自民・進歩両党の連立となった第一次吉田内閣は、「暴民デモ許さず」のマッカーサー声明に助けられて成立したといわれた。戦前の親英米派外交官の吉田は、占領期を通じてマッカーサー司令官と直結することによって、GSのホイットニー局長、ケーディス次長らニューディーラーに対抗し、政権運営に当たることになる。

吉田内閣が抱えた最重要課題は、幣原前内閣によって進められた帝国憲法改正案の議会審議であった。日本国憲法は、一〇月に帝国議会での審議をすべて終え、翌一一月三日には公布に至った。

四七年元日、吉田首相はNHK放送の年頭の辞で、労働運動指導者らを「不逞の輩」と非難した。これは労働運動を勢いづかせることになった。全国の官公庁労働者を中心に、産別系民間労組も加わり六〇〇万人を擁する全国労組共同闘争委員会が結成され、二月一日ゼネスト決行を決めた。だがマッカーサー司令官は前日に中止命令を発し、空前の規模となるはずだったゼネストは回避される。

その直後の二月七日、マッカーサーは吉田首相に民意を問うための総選挙を指示した。日本国憲法施行直前に行われた四月二五日の総選挙の結果、社会党が五一議席増の一四三議席を獲得して、第一党に躍り出た。自由党は一三一議席で第二党、民主党が一二一議席で第三党となる。吉田首相は、首相官邸を社会党に明け渡し、野に下った。

社会党首班の片山内閣は、民主、国民協同の三党連立内閣として発足した。だが連立与党は初めから足並みがそろわなかった。

総選挙直前に進歩党から急きょ衣更えした民主党は、「社会党の右、自由党の左」を標榜したが、芦田均・総裁と幣原名誉総裁との思惑がことごとく異なった。さらには社会党内の左右対立はもとより、唯一の社会主義的色彩をもつ最重要施策の炭鉱国家管理法案問題や補正予算案の否決、占領軍からの再軍備要求などもあり、わずか九ヵ月余で崩壊した。

後継にはＧＨＱの支援を受けた民主党の芦田均が四八年三月、組閣した。芦田内閣が発足すると、炭鉱国家管理法案に反対した幣原らの同志クラブは自由党に合流して民主自由党（総裁・吉田茂）をつくった。第一次の保守合同である。民主党内に残った反芦田勢力は、後に犬養健を総裁に担ぐ。その芦田内閣も、昭電事件で政権中枢に地検捜査が及び、同一〇月に総辞職した。ＧＳニューディーラーらが支援する中道連立政権の破産は明確になり、吉田長期政権に道を開くことになる。

対日政策の転換

大戦後の世界情勢も大きく転換していた。四六年にチャーチル前英首相が「鉄のカーテン」演説で反ソ連を宣明にすると、翌年三月にはトルーマン米大統領は議会への教書で社会主義国に対する「封じ込め」政策を表明した。このトルーマン宣言により、米国は公式に反ソ反共政策を宣言し、米ソ冷戦が始まった。

四八年一月、ロイヤル米陸軍長官が「日本を反共防壁に」と演説し、日本は米世界戦略に組み込まれていくことになる。ベルリン封鎖が始まり、翌年一〇月に中華人民共和国が成立した。こうした国際的緊張を反映し、米国の対日占領政策も急速に変化していった。

芦田内閣が倒れると、民自党単独による第二次吉田内閣が成立した。この直後の一一月、東京裁判で、A級戦犯二五被告に対し有罪判決が言い渡され、翌月に元首相・東条英機ら七人に死刑が執行された。

少数与党と多数野党の妥協による「なれ合い解散」が行われ、四九年一月に戦後三回目の総選挙が実施された。総選挙の結果、与党・民自党が二六四議席を得て絶対多数を確保する。昭電事件などで国民の信頼を失った社会党は議席の三分の二を失う大敗を喫し、代わって共産党が三五議席と大躍進を遂げた。

この選挙には、池田勇人、佐藤栄作、前尾繁三郎ら、戦後日本の保守政治を担うことになる「吉田学校」の若手官僚が当選し、政界に進出した。

議会での絶対多数を確保した第三次吉田内閣は、ようやく自前の本格政権を構築し、経済復興と講和を最重要課題として掲げた。米国の対日占領政策の転換に沿って、吉田内閣は国内の経済政策を推し進めることになる。

四八年末、GHQは、単一為替レートの設定、予算の均衡、補助金の整理、徴税の強化など経済安定九原則を発表した。対日援助の負担を軽減しながら日本経済の自立化を進め、これを実現するため、国民生活の切り下げと企業合理化によるコスト引き下げを強行しようというものであった。

翌四九年初めにはデトロイト銀行頭取のドッジ公使が来日し、九原則をさらに具体化した超均衡予算を政府に押しつけた。このドッジ・ラインは、同五月に来日したシャウプの勧告による税制改正によって一層強化される。ドッジ・ラインに基づく厳しい合理化政策により、物価の下落、中小企業の破産、失業者の増大など、国民経済はいわゆる「安定恐慌」といわれた深刻な恐慌状態に陥った。

こうした合理化強行に反対する労働組合などの労働攻勢が強まると、吉田内閣は団体等規制令をポツダム政令として制定するとともに、労働組合法・労働関係調整法を改定し争議権を規制した。そのうえで行政整理として官業労働者二七万人、企業整備として民間産業労働者三〇万人の人員整理が強行される。

その主眼に国鉄職員九万五千人の整理が位置づけられた。国鉄当局が四九年七月四日に定員法に基づく第一次人員整理約三万人を発表すると、これに反対する国鉄労働者の国電ストなど、各地で労働争議が頻発する。

マッカーサーは、米独立記念日に当たる同日、日本国民に「日本は共産主義進出阻止の防壁になれ」との声明を出す。下山、三鷹、松川の謀略的事件が相次いで起き、国鉄労働者らの反対運動は圧殺されてしまった。

一方、民主党は、吉田ら民自党の呼びかけに応じた犬養総裁、保利茂・幹事長ら連立派と、苫米地義三ら野党派に分裂した。五〇年三月一日、民自党と民主党連立派が合同して自由党を結成する。民主党野党派は、三木武夫・書記長らの国民協同党と合同して国民民主党（民主党）をつくる。

この後、自由党と民主党との合同話は再三起きるが、講和を目前に追放解除組が政界に復帰し、流れはさらに錯綜することになる。

講和と追放解除

五〇年六月二五日、三八度線で起きた韓国軍と北朝鮮警備隊との武力衝突を引き金に、朝鮮戦争が勃発する。米軍は韓国を援助して出撃し、日本の全産業は動員された。この朝鮮戦争を「旱天の慈雨」として日本経済は急浮上する。ドッジ・ライン以来の不況に悲鳴をあげていた経営者らを戦争景気に巻き込んだ。

同七月八日、マッカーサーは在日米軍の朝鮮出動の空白を埋めるため、警察予備隊七万五千人の創設と、海上保安庁八千人の増員を吉田内閣に書簡で指令した。野党は、憲法九条違反と国会で追及したが、吉田首相は警察予備隊を「戦力なき軍隊」とかわした。警察予備隊は五二年に保安隊に改組され、五四年には自衛隊として発足することになる。

また共産党を半ば非合法化するとともに、マスコミなどから共産党員や同調者などを追い出すレッド・パージを強行し、対象者は約一万二千人に及んだ。その一方で、大幅な追放解除と戦犯釈放が行われた。

朝鮮戦争開始後間もない五〇年九月、トルーマン大統領は対日講和を促進する声明を出し、講和後も米軍が日本に駐留する意図を示した。ダレス講和特使が来日し、吉田首相との会談で、米軍の日本駐留と日本の再軍備が約束された。その直後の四月、朝鮮戦争で強硬策を主張したマッカーサー司令官は、不拡大方針をとるトルーマン大統領から突如解任され、帰国する。

中国、ソ連などを含める全面講和を求める運動が国内に拡がったが、五一年九月に米サンフランシスコで対日講和条約と日米安全保障条約が調印された。この講和・安保両条約をめぐり、社会党は左右両派に分裂した。

マッカーサーに代わったリッジウェー中将は、占領下諸法規の再検討の権限を日本政府に委譲することを声明し、首相の私的諮問機関である政令諮問委員会が設けられた。追放解除問題をはじめ行政機構、教育制度、独占禁止法、労働関係法令、警察制度などが見直されることになる。

こうした動きや追放解除組の鳩山や岸信介らの再軍備論など、占領初期の非軍事・民主化政策は転換し出し、いわゆる「逆コース」といわれる時代に入る。

五〇年一〇月ころから講和に向け、GHQは公職追放解除を順次発表した。翌年六月には三木武吉、石橋湛山、岸らが、同八月には鳩山、河野一郎、緒方竹虎らが追放解除となり、吉田自由党に復帰する。また同じ追放解除組のうち旧民政党系の大麻唯男、松村謙三ら四六人は、五二年二月に改進党（重光葵・総裁）を結成した。

第三次吉田内閣の第三次改造では、池田勇人が蔵相、橋本龍伍が厚相、広川弘禅が農相、佐藤栄作が郵政相、大橋武夫が国務相、それに保利茂が官房長官に就き、吉田学校門下生が主要ポストを占めた。

五二年四月に講和条約が発効し、七年に及んだ占領が終了する。日本の独立が回復したことは、吉田首相が歴史的役割を終えたことを意味した。しかし吉田は講和を花道に引退する好機を逸し、直後には血のメーデー事件が起きた。政府は同七月、この事件を奇貨として、団規令に替えて破壊活動防止法を制定した。法務府の特別審査局が廃止され、公安調査庁が設置される。

首相目前に公職追放によって自由党総裁を吉田に譲った鳩山は、また追放解除直前に脳出血で倒れた。吉田と鳩山の因縁の対立と抗争は、幹事長人事などをめぐり激化の一途をたどる。鳩山、三木、河野、石橋ら追放解除組の圧力を感じていた吉田首相は、八月に突如「抜き打ち解散」を行う。講和後初の総選挙となったが、反吉田勢力の機先を制しようと、党三役との相談もそこそこに解散権を発動した。

この選挙の結果は、自由党が二四〇議席を獲得し過半数を制したものの、吉田派と鳩山派、改進党の勢力が拮抗し、保守陣営は三者の鼎立状態となった。吉田・鳩山会談で吉田首班を了承し、第四次吉田内閣が一〇月に成立した。

民主党総裁から自由党に入った犬養は、法務大臣として入閣し、「総裁を売って、大臣を買った」と揶揄された。その法務大臣も、結局は指揮権発動によって、不本意な辞任に至る。

失速する吉田内閣

五三年と五四年の吉田最後の二年間は、「吉田茂の一生の中で最も不名誉な時期であった」(高坂正尭)と評される。

五三年二月、吉田首相は衆院予算委員会で右派社会党議員の質問に「バカヤロー」と口走ったことから、同党は直ちに首相懲罰動議を提出する。懲罰動議は、反吉田勢力の自由党民同(民主化同盟)派と吉田側近の広川農相らが欠席したことから、可決されてしまった。

吉田首相は広川農相を罷免し、民同派議員は自由党から離党し分党派自由党(代表・三木武吉)をつくった。国会運営は混乱を極めた。三月一四日、野党三会派が吉田内閣不信任案を提出すると、分党派は賛成に回り、内閣不信任が成立した。前回選挙からまだ半年しか経っていなかったが、吉田内閣は躊躇なく解散・総選挙に踏み切った。いわゆる「バカヤロー解散」である。

分党派は鳩山を総裁にすえ、自由党は分裂選挙となった。四月に実施された総選挙の結果、自由党は一九九議席で過半数を割り込み、鳩山自由党は三五議席と惨敗し、改進党も七六議席に留まった。これに対し、講和・安保両条約で左右に分裂した社会党は両派合わせて一三八議席を獲得し、とくに左派が急伸した。

しかし、吉田自由党、鳩山自由党、改進党も、対米協調と反共政策など、保守政党としては政策に大きな相違はなかった。吉田は、これを土台に、鳩山自由党を懐柔し多数派工作を図り、改進党に合同を呼びかけていくことになる。

少数与党の第五次吉田内閣が五月二一日、成立した。この内閣は、副総理の緒方竹虎・国務相、岡崎外相、犬養法相らの主要閣僚が留任し、党側は佐藤幹事長、益谷秀次・総務会長、池田勇人・政調会長という布陣となった。

七月に相互防衛援助（ＭＳＡ）協定の日米交渉が始まる。一〇月には首相特使として訪米した池田政調会長が、日本の再軍備・対日ＭＳＡ援助について、ロバートソン米国務次官補と会談し、自衛力漸増などの共同声明を発表した。

吉田は腹心の佐藤栄作を使って鳩山自由党を分裂させ、鳩山ら二三人は一一月、分党派自由党を解散し、自由党に合流した。三木武吉ら八人は日本自由党（日自党）を結成する。翌春四月、黒沢明・監督の映画「七人の侍」が封切られると、それにちなんで「八人の侍」と呼ばれた。三木らは、吉田への抵抗を続け、鳩山政権づくりを模索する。

第一九通常国会が一二月一〇日に召集された。翌五四年一月二七日に、吉田首相は施政演説を行い、「この際とくに民生安定に努め、この重大時局の打開に際し、いやしくも国民的階調が害せられざるよう最善の努力を傾ける覚悟であります」と結んだ。波乱含みの国会の幕開けを予感させた。

池田・ロバートソン会談の了解に基づく防衛庁設置法案と自衛隊法案（防衛二法案）、ＭＳＡ協定等の承認と同協定に伴う秘密保護法案、教育の政治的中立に関する法案と教育公務員特例法改正案（教育二法案）、さらには警察法改正案など、政府提出予定の重要法案が山積していた。

防衛二法案は、防衛力増強のため保安隊、警察予備隊を三軍方式の自衛隊に改組し、外敵の直接侵略にあたらせる。これに伴い、保安隊を防衛庁とし、ほかに国防会議を設けるものである。

ＭＳＡ協定は、日本の防衛力増強と日米軍事協力を約束した。このＭＳＡ協定に伴い、日本に貸与される兵器の秘密を保護する秘密保護法案もあった。講和条約・日米安保条約に引き続き日米関係の将来と国民生活に重大な影響を与えるＭＳＡ協定は、防衛二法案と表裏一体の関係をなし、再軍備の総仕上げをめざすものだった。

教育二法案は、公立学校の教育公務員の政治的行為を国家公務員と同様に制限し（特例法改正案）、義務教育諸学校の教員に対し、特定の政党等を指示したり反対したりする教育を教唆・煽動する者を取り締まる（中立確保法案）ものである。日教組などは、教員の政治活動の制限、平和教育の禁止を含むとして強く反対した。

このほか国家警察と自治体警察を廃止し、都道府県警察一本建てとし、中央に警察庁、国と府県単位に公安委員会を設置する警察法案もある。警察行政の一元化、能率化を意図した改革だが、戦前の国家警察を想起させた。

新党の主導権争い

造船疑獄捜査が始まる五四年は、正月二日、皇居の一般参賀に史上最高の三八万人もが押しかけ、八〇人の死傷者を出した二重橋事故で明けた。

松も取れない七日、造船各社に特捜部の強制捜査が入った。その後、前述したように次々と造船会社幹部や運輸省官房長らが逮捕され、国会議員にも捜査が波及するのである。

この造船疑獄と前後して保全経済会事件が起きる。一月二六日、警視庁は、東京地検特捜部と連携のうえ、保全経済会理事長・伊藤斗福を詐欺と外為法違反（ヤミドル）容疑で逮捕する。地検は二月一七日、自転車操業であることを隠し、安全・確実・有利に運営して高配当を支払うように誇大・虚偽の宣伝をし、約三千九〇〇人から計五億円を騙し取ったとして、伊藤を詐欺罪などで起訴した。

自由、改進、日自三党への計六、七千万円にのぼる政治献金が明らかになり、三木武吉、広川弘禅、政界へ仲介した右翼の児玉誉士夫、三浦義一らが取調べを受ける。国会でも大問題となったが、政界からの逮捕者は一人も出なかった。

二月一日、駐日ソ連代表部が、「二等書記官ラストロボロフが米情報当局に抑留された」と発表、抗議した。これに対し、日米両政府はその後、「同氏はスパイ活動をしていたが、米に亡命した」と発表する。同じ日、米映画の人気女優マリリン・モンローが、ニューヨーク・ヤンキースのジョー・

ディマジオと新婚旅行で羽田空港に降り立ち、二千人の報道陣とファンに取り囲まれた。NHKと民放のテレビ本放送は前年に開始されたが、この年二月に始まったプロレス中継に人びとは熱狂した。東京・有楽町の街頭テレビの前では、米レスラー相手に空手チョップを繰り出す力道山の勇姿に、群衆が拍手を送った。

三月一日早朝、マーシャル諸島のビキニ環礁で、操業中の焼津港所属のマグロはえ縄漁船「第五福竜丸」が、米国が行った新型の水爆実験に遭遇する。読売新聞が、「邦人漁夫、ビキニ原爆実験に遭遇」の世界的な大スクープ記事を報じ、国民は大きな衝撃を受けた。実験数日後から、日本列島には不気味な「放射能の雨」が音もなく降った。

帰港した漁船の乗組員二三人全員が東大病院などに入院し、放射能症と診断された。東京・築地の魚市場などで放射能汚染された「ビキニ・マグロ」が次々と見つかり、五〇〇トンが廃棄処分となる。四月一三日に来日した戦争写真家ロバート・キャパは、焼津港に出向き、人びとの不安な表情にシャッターを切った。

保全経済会事件に並行した造船疑獄により、末期に差しかかった吉田政権はいよいよ窮地に追い込まれた。疑獄捜査の進展をにらみながら、緒方副総理は三月下旬、局面打開のため、保守合同構想を発表し、自由・改進・日自三党合同を提案する。吉田と鳩山を中心に、新党結成の熾烈な主導権争いが繰り広げられる。

二　海運国策

日清・日露で発展

もう一方の当事者である贈賄側の海運・造船業はどういう状況にあったのだろう。まずその歴史的背景をみよう。

造船疑獄の遠因には、明治以来の政府がとってきた海運・造船業に対する保護助成政策があった。日本の近代海運・造船業は、明治政府の富国強兵・殖産興業政策の一環、国策そのものとして発達した。

明治初期の海運助成策は、内務卿・大久保利通の建白に基づく民営補助を柱に、三菱会社をはじめ、日本郵船、大阪商船など特定企業に置かれた。明治半ばには、航海奨励法が制定され、遠洋定期航路保護を重点とする海運保護政策がすでに確立される。

一方、造船工業も、横須賀を中心とする海軍工廠（呉、佐世保、舞鶴）が指導的役割を果たすとともに、官営造船所払い下げ（長崎、石川島、神戸）に始まる国家的な保護助成政策の下に歩み出す。

海運業や海軍の需要に左右されるなどの構造をもつことから、造船業は、絶えず国家に依存するとともに、「政官界・大銀行・大海運会社と密着した大企業の圧倒的優位という形態」をとらざるを得なかった。そして「必然的に戦争のたびに飛躍的な発展」を遂げていくことになる。

まさに海運・造船業は日清・日露戦争を契機に急激な発展を遂げ、さらに第一次世界大戦で海運・造船ブームを迎える。この時期、世界有数の海運国へ発展し、船腹量では英米に続いて第三位となった。政府は、船主・保険業者保護のための戦時海上保険補償法制定、船価暴騰に対処するために船舶金融の道を開く日本興業銀行法改正など、船主らに対する手厚い保護策を講じる。

第一次大戦後、英米海運の積極的な東洋進出や船腹過剰などにより国際競争が激化し、海運業をめぐる状況は一気に悪化する。昭和初期の一九三〇年代初頭には、貿易量と船腹量の不均衡は年を追って拡大し、海運業は危機に追い込まれた。このため政府は三次にわたる助成策を実施し、海運業は大幅に改善される。

世界情勢が緊迫するのに対応し、政府は海運施策の重点を従来の不況対策から国防目的に移行する。優秀船建造助成や遠洋航海助成、海運・造船業の救済振興策として造船資金利子補給・損失補償制度を内容とする「海運国策」を策定し、三七年に実施した。さらに日中戦争が長期化すると、同制度を法制化した船舶建造融資利子補給及損失補償法が三九年に制定される。これらが戦後の海運助成法のモデルとなるのである。

造船業は、第一次大戦後、いったんは不況で生産が落ち込むが、やはり日中戦争の本格化により再び造船実績は回復する。第二次世界大戦が勃発すると、造船業は未曽有の盛況を迎えた。造船事業法、標準船制度などによって、国家的な増産政策が推進された。

とくに南方資源の獲得に活路を見出そうとする「太平洋戦争の開戦とともに、船舶・艦艇の増産は国家的至上命題のひとつ」となる。造船行政は海軍省に移管され、決戦体制を整備するとともに大増産を行った。

戦時経済統制が進む中で、政府は四〇年に海運統制令を公布し、海運活動の広範な統制を強化した。翌年には戦時海運管理要綱を閣議決定し、海運の国家管理を実施する。太平洋戦争開戦後の四二年三月には戦時海運管理令を公布し、船舶運営会による海運の一元的管理が開始される。国家管理による海運臨戦体制が確立し、産業としての海運業は完全に消滅した。

企業の集約整備が大規模に実施され、三二〇社あった汽船船主は一挙に四分の一に激減した。また戦闘の激化とともに撃沈される船舶が増え、造船所は建造・修理の労働力不足に陥った。このため海軍省兵備局の要請により、司法省は受刑者を造船所へ出役させた。しかし、戦争の長期化に伴い、船腹は極度に不足し、運航機能も著しく低下した。

日本商船隊の壊滅

「明治以来、七〇余年の歳月をかけて築いてきた日本商船隊は、この大戦によって壊滅的な被害」を被った。これに比し、造船業は、造船施設の戦災など痛手は海運業ほどではなかったが、海軍解体と海運業の低迷により低操業率に苦しんだ。

開戦時の四一年一二月に約二千七〇〇隻、六三〇万総トンあった船腹は、敗戦時には約八〇〇隻、一三四万総トンを残すのみだった。戦時中に建造量が約三五〇万総トンあったので、船腹喪失量は実に八五〇万総トンに及ぶ。残った船腹の七割は船質の劣る戦時標準船（戦標船）で、あとの三割の在来船も大半は老朽船である。さらには占領軍による非軍事化政策と戦時補償の打ち切りが海運・造船業に追い討ちをかけた。

ＧＨＱは、全商船を直接管理下に置くとともに、戦時補償や従来の海運・造船業に対する保護助成策をすべて廃止させた。日本海運が太平洋戦争において軍事輸送面で重要な役割を担ったことから、ＧＨＱの対日管理方針の経済上の非軍事化策として、「日本商船を非軍事化目的達成に必要な範囲に制限する」という項目が設けられていた。

また対日賠償計画の当初案は、日本の保有船腹量を鋼船一五〇万総トンに抑え、年間一五万総トン建造に必要な施設以外の全造船施設を賠償用に撤去するという厳しい措置だった。これは、時代を三〇年から四〇年遡る、明治末から大正初年のレベルである。

ＧＨＱの対日方針により、他産業にみられない船舶運営会を通じての船舶管理が実施される。これによって日本海運は長期にわたり世界市場への復帰を阻まれ、船主経営基盤の弱体化をもたらす結果となった。

ＧＨＱは四五年一一月、戦時補償の打ち切りなどを覚書で指示する。このため政府・戦時特別機関に対する企業などの戦時補償請求権は、戦時補償特別税として、その全額が徴収されることになる。特別税徴収の名目で没収された金額は、総額約二六億円に上り、当時の海運企業の払込資本金の約三倍に相当した。

この戦時補償の打ち切りは、海運会社にとって破産を意味した。戦時補償を打ち切られ自己資本がゼロに近い状態で急速な船腹拡充を図ったため、新造船の資金はほとんど借入金に依存せざるを得なかった。

さらにＧＨＱは翌四六年四月、覚書により、企業の債務に対する政府保証を禁止した。これによって、三九年から実施されていた船舶建造融資利子補給及び損失補償法に基づく政府保証の造船長期融資制度は禁止される。

こうして海運業の戦後再建は、他の基幹産業に比べて、著しく困難な条件下での再出発を余儀なくされた。造船会社は、造船用の鉄鋼材不足から、直ぐに換金可能な肥料製造機や農機具、鍋釜のような日用品をつくって急場をしのいだ。

しかし、東西冷戦の表面化とともに、対日占領政策は微妙に変化し始める。四七年から四八年にかけて来日したストライク調査団、ドレーパー使節団などは、対日賠償を大幅に緩和する報告書を発表した。それによって、船舶・造船施設も賠償撤去を免れることができた。その後、米政府の対日賠償打ち切り声明により、海運復興の障害となるおそれがあった賠償問題は終結することになる。

海運国日本

戦後日本の海運・造船業の歴史は計画造船に始まった。長期低利の財政資金が銀行経由で海運会社に投入される。これにより、海運会社は造船会社に発注し戦争中に失った船舶を拡充すると同時に、造船会社は造船能力の操業率を向上させるというものである。海運・造船業は、この計画造船によって、戦後復興へ向けて歩み出すことができた。

政府は、日本の海運・造船業の復興と再建のため、船舶公団を事業主体とした復金融資により、四七年度の第一次から第四次までの計画造船を実施する。

復興金融金庫は四六年八月、事実上は日本興業銀行の復興金融部として発足した。正式には翌年一月、その事業部を継承し、経済復興のため重要産業の設備投資や運転資金を融資する政府の新しい金融機関としてスタートした。必要な資金は、政府の出資金と債券（復金債）の発行で調達した。その大部分は債券発行だった。

その復金債の大半は日銀引き受けで、インフレ的な資金調達が行われた。このため「復金インフレ」とも呼ばれた。この公団・復金方式による計画造船は、四八年の第四次まで実施され、その後の本格的な計画造船の基礎を築いた。この間、海運への復金融資は船主に四六億円、船舶公団に八五億円が投入された。

ドッジ・ラインの設定により復金融資が停止されると、四九年度第五次から五二年度第八次までは、米国対日援助見返り資金による融資が実施されることになる。また初めて外航船舶の建造が行われた。見返り資金は、ガリオア（占領地域救済基金）・エロア（占領地域経済復興基金）により、対日援助物資として緊急輸入された食糧・肥料・綿花などを国内で販売換金し、その利益を見返り資金として、日銀に特別会計で蓄積したものである。

融資は日本銀行によって扱われ、融資条件は金利年七・五％、元本据置き三カ年、利払延期二カ年、償還期間は貨物船一五年、タンカー一三年、半年賦均等償還である。この条件で建造船価の五割が融資され、残りは市中金融機関から調達された。しかし、市中金利は年一一％という割高なもので、諸外国の海運業者がほとんど自己資金や年三・五％か五％程度の低金利による借入金によって新船建造をしているのと比べ、国際競争力において極めて不利な立場にあった。

五二年度の第八次までに、四年間で計画造船に投入された資金は一千四〇〇億円、うち六〇〇億円が見返り資金である。これにより貨物船・タンカー計一六一隻、一一八万五千総トンが建造された。

五〇年四月、船舶運営会が廃止され、全面的な民営還元が実現した。海運業者は初めて船舶を自由に運航できるようになり、一一月には戦後初の遠洋定期航路となる南米航路が開設されるなど、空前の新造船ブームが起きる。

講和条約の締結により、日本海運は国際海運界への完全復帰、「海運国日本」への道が開かれた。また日本の独立を契機として、対日援助見返り資金は廃止され、以降、重要産業の長期設備資金に対する財政資金の供給は、新設の日本開発銀行を通じて行われた。

五三年度の第九次からは、五七年度までに約三四〇万総トンの外航船舶保有を目標に、毎年約三〇万総トンの新船建造を実施することになる。

朝鮮戦争の特需ブームでは三割、四割という高配当をする船会社もあった。ところが五二年春ごろからは海運不況が襲い、国際競争力の脆弱性が表面化した。協調融資に対する市中銀行の態度は消極的となり、すべての海運会社が無配に転落し、借入金の金利も支払えない状況に陥った。

五三年三月期における船舶建造・改造資金借入残高は、財政資金八三八億円、市中銀行その他六三三億円の計一千四七一億円、金利は年額約一三〇億円に上った。海運四七社の決算は、欠損一七億円、五四年三月期には欠損二七億円に達した。

長期不況により収益性は悪化し、内部留保の蓄積と増資が困難となった結果、海運各社は借入金への依存を高めていった。金利負担と不況にあえぐ業者にとって、計画造船の割当を取ることは死活問題であった。このため日本船主協会などは、金利や税負担の軽減などを内容とする海運復興促進策を政府・国会に要望することになる。これが造船疑獄が起きる直接の引き金になったのである。

海運助成法

保守三党を中心とした超党派の海運造船議員連盟（理事長・星島二郎）は五二年五月、小委員会（委員長・関谷勝利）を設け、海運市況悪化に伴う海運助成対策を検討し、海運復興促進に関する決議案と要望書を作成した。これを受けて、参院本会議は同七月に各派共同提案による「海運力復興促進に関する決議案」を可決し、衆院も同じ決議をする。

決議内容は、外航船舶の拡充と国際競争力を培養強化するため、政府において財政資金の投入、長期資金の確保、金利引き下げ、税制改正などの措置を急速かつ強力に実現すべきとするものだった。また運輸省は、日本海運に国際競争力を付与する必要性を認め、戦前の船舶建造融資利子補給及損失補償法に代わる新たな外航船舶建造借入金に対する利子補給制度の制定を企画し、立法化に着手した。

五三年一月、「外航船舶の建造に要する資金の融通について政府が利子補給金を支給することにより、外航船舶の建造を促進する」ことを目的とした「外航船舶建造融資利子補給法」（第一次利子補給法）が成立した。船主の負担金利は七・五％に軽減し、一般金利との差額は政府が補給することになった。当時、市中銀行は一一％から一二％の高金利だった。同法は実質的にはタンカーには適用されなかった。

五三年度第九次計画造船の実施に際して、海運・造船業界は、これを不十分とし、自由・改進・分自三党や運輸省に働きかけた。第一次利子補給法では、金融機関に対する損失補償を規定していないため、金融機関が不況下にある海運業者への円滑な船舶建造資金の融資を避けるおそれがあったからだ。タンカー協会と船主協会タンカー委員会も、タンカーについても貨物船と同様の助成措置が適用されるように運動を始め、海議連への働きかけを強めた。

政府は同三月、市中金融機関の融資焦げ付き分を政府が補償する「損失補償法」を追加した第一次利子補給法の改正法案を第一五国会に提出した。改正法案は、直後の「バカヤロー解散」によりいったん審議未了により廃案となるが、六月の総選挙後の第一六国会に再提出された。

海運・造船業界は、各方面に働きかけ、利子補給幅の増額、貨物船だけでなくタンカーへの適用、固定資産税の税率引き下げ、造船用鋼材のコスト引き下げなどの立法・予算・行政の三措置を要望した。これに対し、最も強くこの要望に応える案をつくったのは改進党で、自由党案は運輸省案を少し上回る案をつくった。

改進・分自・自由三党と業界の折衝により、第一次利子補給法の三党共同修正案は改進党案に近いものに落ち着いた。三党共同修正案は、海議連の議員が決議趣旨にそって作成し、五三年六月の改進党・船主協会・造船工業会の三者会談で同意を得た。この間、共同修正案づくりで、業界の猛運動の対象となったのが自由党であった。

政府・自由党は、五三年度予算を早急に成立させる必要から、改進・分自両党に協調を求めて、予算案・各法案について折衝を重ねた。七月中旬、三党間で海運助成策の強化を含めた予算修正案が了解事項として協定され、三党修正案として提案、可決された。

利子補給契約を締結し得る限度額は、この修正によって、政府原案では五三年度以降八年間で総額約一三億円だったのが、一六八億円と一〇倍以上に膨れ上がった。五三年度では、一億二五〇万円が一〇億八千五〇〇万円に増額となった。

政府案の質疑は一度も行わないまま、保守三党は七月二四日、共同修正案を衆院運輸委員会に提出する。わずか二日間の審議で同二八日には共同修正案は衆院を可決通過し、国会閉会間際の翌八月三日に参院で可決成立した。同一五日に「外航船舶建造融資利子補給及び損失補償法」（第二次利子補給法）として公布、即日施行された。

この第二次利子補給法の大要は、損失補償については、新造貨物船の建造は約七割、タンカーは四割の資金が開発銀行から融資され、残りは市中銀行から融資されるというものである。政府は、市銀融資分について、金融機関と三割を限度とする損失補償の契約を結ぶことができる。利子補給については、金利が開銀三・五%、市銀五%を超える差額を政府が補給し、償還期限は五年の半年賦均等償還から十年に変更された。

しかも政府原案では五三年度の第九次計画造船以降分を適用対象としたのに対し、修正案では五〇年度第六次以降の貨物船、五一年度第七次以降のタンカーにまで遡及して適用した。また船舶に対する固定資産税の軽減や船舶用鋼材価格引き下げなどの各種の優遇措置がとられた。

この立法によって、海運・造船への本格的な戦後の国家的保護政策が再開されたのである。こうした国家助成措置によって、国家負担は歳出増約三二八億円、歳入減一五〇億円の計四七八億円に達した。

しかし、このような海運保護政策は、金利負担の軽減などにのみ重点がおかれ、自己資本の蓄積は顧みられず、真の海運助成策とはならなかった。計画造船の目的も、旧財閥銀行の造船会社に対する不良債権の処理と海運・造船会社の救済だと批判された。

海運・造船業にとっては、朝鮮戦争後の不況と造船疑獄が大きな岐路となった。五五年から始まる第一次輸出船ブームにより、翌年には日本の造船業は、建造量一七八万総トンに達した。戦前の記録を更新し、長く君臨していたイギリスを抜いて世界のトップに躍り出る。海運業も、国際競争力を回復し、六九年には世界最大の船主国「海運国日本」となる。

III　事件後始末

一　証人喚問

吉田暴言

自由党と改進党、それに日自党を加えた保守三党間で行われていた新党交渉は六月二三日、打ち切りとなる。保守新党問題は、吉田政権を維持しようとする勢力と吉田内閣を打倒しようとする勢力の争いとなった。改進・日自両党の動きは保守新党交渉を舞台にした倒閣運動となり、それに旧分自党からの復帰組を中心とした鳩山派が呼応していた。その黒幕は日自党の三木武吉、河野一郎である。しかし、新党運動は、新保守党の主導権をめぐって各派の思惑が錯綜し、難航に難航を重ねていた。

指揮権発動から四カ月後の八月一〇日、吉田首相は、首相官邸で開かれた自由党支部長会議で、新党運動と指揮権発動について経緯を説明した。ここでの吉田発言は、「疑獄は流言飛語」と新聞報道されたことから物議を醸すこととなった。

メモを見ない吉田発言は表現の稚拙さから世論の誤解を招いた。当時のＮＨＫ録音によると、吉田はまず「政界の安定」をめざして保守合同、新党問題が起こったが、今や「政権争奪の争い」の様相だと現状批判をした。そのうえで造船疑獄と指揮権発動に言及する。

「政府は信念をもって指揮権発動をしたので、汚職問題、汚職問題というが、その内容は何なのか。何故幹事長を逮捕せねばならないのか。そもそも政党の会計簿が不十分だといわれるが、政党の会計簿が不正確なのは当然なのである。善意によってする寄付であり、売名ではない。党の資金を喜んで寄付するのであり、自分の名前を出してもらいたくないのは当然である。然るに寄付者の名前、金額が届け洩れであるから逮捕しなければならないということは、なんとも不可解に存ずる」

政権与党の会計簿にまで手をつけ、検察は首相の逆鱗に触れた。政治資金規正法は不備だといわんばかりである。

「逮捕ということは、基本人権において最も慎重を期さねばならない。そのために英国では革命まで生じたのである。自由を擁護するためには革命まで生じた。逮捕しなければ証拠が集まらないということになれば、われわれは当局の能力を疑わざるを得ない。新憲法でも人権擁護を第一としているのにもかかわらず、軽々しく逮捕する。あるいは容疑者としてすでに逮捕された。手続きを乱したということだけで逮捕しなければ証拠収集が難しいということは、私がかつて聞かざる議論である」

イギリス革命までを引き合いに、基本的人権、人権擁護を振りかざし、検察捜査を正面から批判した。だが贈収賄と政治資金規正法違反をすり替えているようでもある。問題となったのは、次の部分である。

「もしかかる如きことになれば、幹事長になり手がなくなり、党に資金を寄付をする者もなくなり、これは政党政治の破壊である。政党政治の破壊を目標とするわけではあるまいが、国家を、民主主義を、政党政治の破壊を来すもので、政党としてはこれと断固闘うのは当然で、政府の指揮権発動の所以である。この点でいろいろ誤解もあるが、新聞その他で面白半分に流説しているものがあるが、政府としてはかかる流言飛語を考慮せず、法律の命ずるところによって指揮権を発動したのである」

検察を民主主義、政党政治の破壊者と非難している。吉田の発言は、首相としては確かに不穏当な内容ではあるが、当時のNHK録音に「疑獄は流言飛語」との言葉はない。吉田発言は、「吉田暴言」として、野党をはじめ党内反吉田派の格好の標的となる。

松村謙三・改進党幹事長は、「言語道断といわねばならない。吉田政権維持のための新党は全国民誰もが許さない」と批判した。左右両派の社会党は吉田首相の退陣を勧告した。衆院決算委員長の田中彰治は、自由党所属にもかかわらず野党に同調し、この機会をとらえ、外遊を控えた吉田首相の攻撃にかかる。

衆院決算委は八月一六日、「吉田暴言中『造船疑獄は流言飛語』との一項があるがゆゆしい問題であり、その真偽を確認するため」として、佐藤検事総長らの証人喚問を決めた。吉田首相は、日本新聞協会の質問に対し、「新聞を批判する考えはなかった」と釈明した。

今もって不可解

衆院決算委は、九月六日から佐藤検事総長、馬場検事正、河井検事を証人として順次喚問する。各証人は重要証言をしており、その議事録の要点を拾ってみよう。

佐藤検事総長らは「指揮権発動は捜査に支障を来たした。吉田発言は検察に対する誹謗だ」などと証言した。だが、具体的な捜査内容については「捜査に最善の努力を尽くした」と繰り返すだけで、一切の証言を拒否した。

九月六日、まず佐藤藤佐・検事総長が証人として招致された。

○田中委員長　この指揮権発動行使は妥当であると考えたのか。

○佐藤証人　その指揮権の発動によって捜査に非常な支障を来したということは否み難いのであります。

○田中委員長　総理大臣があの造船疑獄は流言飛語であると言われたが。

○佐藤証人　そういう流言飛語というような批判があるとすれば、これはまったくわれわれの仕事を理解しない人の言葉でありまして、とんでもない誹謗のことと感じるのでございます。（拍手）

○杉村委員　検事総長は、犬養法務大臣に対して、この稟請が拒否されたのでは捜査上支障を来すかどうかということについて、何らかの進言をなされたかどうか。

○佐藤証人　その点は稟請書を正式に出す前、数日前から法務当局を通じ、また直接法務大臣にお会いしまして、事実に基づいて、こういう証拠によってこういう嫌疑がある。贈収賄者と目されるものが今勾留されておる。そうして勾留の満期がもう間近いから、どうしても収賄者を今のうちに逮捕勾留して、そうして取調べを進めなければ事案の真相を究明することができない。一刻も猶予ならないということを詳しく説明いたしまして、最初は法務大臣のご了解を十分願えたのであります。四月一九日に突然重要法案の審議の経過に鑑みて、何とか逮捕勾留を延ばすわけにはいかないか。しばらく取り止めることはできないかというお話があったのであります。その逮捕せざるを得ない理由、必要性等については、十分ご説明申し上げ、ご承知のように、数日にわたって折衝いたしたのがこの点であります。

○杉村委員　検事総長の所信をひとつ伺っておきたい。

○佐藤証人　私がこの検事総長の席を汚した以上は部内の不安を除き、また国民の検察に対する理解をどこまでも深めたい。この仕事をしなければ、私は去ろうというような考えは毛頭もっていません。

○吉田（賢）委員　犬養元法務大臣、岡崎現外務大臣、あるいは石井現運輸大臣、佐藤前幹事長、大野前国務大臣、そういうような人びとが何十万円、何百万円というものを、すでに起訴されておりまする飯野海運の社長の俣野氏、山下汽船の社長の横田氏などから受け取っているという事実があろうかと思う。

○佐藤証人　ただいまご質問の事項に対し答弁いたしますことは、どうしても職務上秘匿すべき事項に属すると思いますので、法務大臣の承認がなければ答弁をいたしかねます。

○吉田（賢）委員　そのような不都合な指揮権の行使に対しましては、なぜ断固としてこれに対処する方法をあなたはお取りにならなかったのか。例えば、あなたは職を賭しても諫言すべきではないでしょうか。

○佐藤証人　問題になっておりまする指揮権の発動は、ご承知のように検察庁法一四条但書の規定に基づいたものであるということを、当時の犬養法務大臣も説明いたしておるのであります。この検察庁法一四条の規定がある現在の制度のもとにおきましては、指揮権を発動するということ自体は、私どもは違法とは考えておらないのであります。（「その通り」「当たり前だ」と呼ぶ者あり）しかしながら今指揮権を発動されるということは、これは妥当でないといって極力進言いたしたのでありまするけれども、とうとう押し切られたのであります。

○吉田（賢）委員　吉田総理大臣の発言に対して相当対策を講じていかれることが当然であろうと思いますが。

○佐藤証人　あの当時の新聞を見まして非常に驚いて、早速法務大臣に、首相の真意がどこにあるのか、また何らかその間誤解に基づく発言ではなかろうかということを、その間の事情を聞いていただくということをお願いいいたしたのであります。ところがその後法務大臣に総理の方で、あの新聞に報道されているところは十分自分の真意を尽くしていない、甚だ遺憾であるという遺憾の意思を表明されたそうであります。なおその後、法務大臣にあの発言は検察を誹謗したり、また法律を無視するような気持ちは毛頭なかったのだということを釈明されたというお言葉を聞いたのであります。法務大臣のお言葉を信用して、私どもは了承いたしたのであります。
○猪股委員　検察官には身分保障があるが、敢然とこれと闘わなかった理由は。
○佐藤証人　四月一八日に突然従来の方針を変えられて、場合によっては指揮権の発動をするかもしれぬという意向がみられましたので、私どもは極力その翻意を懇請いたしたのであります。なおその際に、そういう政治的な理由でどうしても逮捕請求を今やってはいけない、重要法案の通るまで延ばせというご趣旨ならば、法案は目下国会の審議中の法案であるから、逮捕請求許諾をすべきかどうかということを、国会の審議にお任せした方がよろしいではないかということまで私の方では突っ込んで進言いたしたのでありまするけれども、とうとう私どもの思うようにならなかったのであります。
○村瀬委員　四月一八日までそういうことはしないとあなたにもわかるような態度を取っておられた法相が、何故一夜にしてそういうことになったのか。

○佐藤証人　突然のお言葉で非常に意外でありました。どういう事情でそういうふうに変わったのかということは、今もって私には不可解でございます。

政治上の理由ならば

二日目の九月七日には、馬場義続・東京地検検事正が出席した。

決算委は前夜、与党自由党委員欠席のまま開かれ、野党が提案した吉田首相、犬養法相らの証人喚問を紛糾のうちに可決してしまった。このため七日の自由党総務会は田中委員長を反党的として除名した。無所属になった田中をはじめ野党側は、結束を強め、自由党委員が欠席する中で議事を進める。田中の馬場に対する執拗な質問は、馬場の反感を買い、後に田中自身の身の上に重大な結果として降りかかることになる。

○田中委員長　突如指揮権発動によって国民の納得のいかない始末となってしまったのでありますが、第一線捜査の陣を監督される証人はそれでよいと思っておられるのか。

○馬場証人　これを事件だけを中心に考えますならば、非常な支障を来すわけであります。ところが一面国策の基本に重大なる影響を及ぼすということは誰が判断するのかという問題になりますと、これはどうしても政府であるということになるわけであります。よく大津事件が引き合いに出されますけれども、大津事件は当時の刑法にない罪で処分しようという事柄でありまして、これは明らかに検事なり判事が自分の職掌としてきちんと判断できることであります。しかし今度は検事個々に意見はありましても、制度といたしましては政府が判断すべき事項によって指揮をして来る。それを制度上判断する立場にない検事がこれに服しないということは、これは結局検察庁法の精神に反する。だから事件の捜査から申しますと非常に困ることではありますけれども、そういう法制の建前になっておるという観点から考えれば、結局私どもは法規に従って仕事をしておるのでありますから、これに服しないわけにはいくまいという結論に到達いたしまして、あの指揮に従ったわけでございます。

○田中委員長　その指揮権の発動というものは、一体あった方がいいと思われたのか。池田勇人君の事件になると、あなた方のところにいろんな人が現れて、「夜釣り」に出て行ったなどと、捜査に手加減を加えられたというが。

○馬場証人　これは検察官だけの立場を考えますならばないにしくはありません。憲法改正当時に議論がありましたように、検察庁というものは全然国会に対する責任者を置かない、制度として置くことが国政の運営上としていいか悪いかということは、私は非常に大きな問題だと思う。今度の場合はいかにも政府が無理をしたような形がみえますので、こういうことはない方がいいという議論が直ぐ出やすいのでありますが、仮に検事が非常に政治的に動くということがあったといたします。それが大臣の指揮権に従わず勝手なことをやるということがありましたならば、到底国政の円満な運用はできないと思うのであります。（中略）池田勇人氏の取調べについて、もみ消しに来たというような事実は全然ありません。「夜釣り」に行ったという話、私初耳でございまして、私に関する限り絶対ございません。

○河野（一）委員　検察庁法一四条の発動はおかしくないということになったならば、それで将来あなた方が検察運営の上において支障はないのか。

○馬場証人　さきほど申し上げましたように、そういう制度になっておる。その制度のもとに働く検察官といたしましては、検察官の判断する以外のことについて、これが間違っているとか、間違っていないとかということを言うべき立場にない。だからそれは捜査本来の立場から申しますと、非常に支障を来しますけれど、あの理由で来られた場合に、法務大臣が国会に対して責任をもっておられるという立場からみますならば、検察官としてはやむを得ない。かように考えております。

○河野（金）委員　俣野君の方は贈賄したと言っているにもかかわらず、贈賄罪の方は不問に付されたのは一体どういうわけか。

○馬場証人　贈賄として起訴するにはやはり収賄者との交渉の関係その他を十分に検討してみませんと、ただ贈賄者の供述だけで直ぐ贈賄だといって起訴するわけには参らない。今度の関係は、両方をよく取り調べて、その上で決定する段階になっておりましたのを、ああいう結果になって佐藤氏を起訴できない。と同時に、俣野氏の方も収賄者を抜きにして贈賄者だけを賄賂提供として起訴するだけの証拠は集まらなかった。

○藤田委員　指揮権を発動をした場合、対抗する方法はただひとつ、検事総長が辞職することである。総長が辞めなければ、あなたは断固辞表をたたきつけるべきだった。
○馬場証人　検事が判断し得る範囲で非常に違法なことがあるなら、お説の通りであります。ところがああいう政治上の理由ということになりますと、検事が判断すべき範囲外なので、法務大臣が責任をもってやれば、制度上検事はそれに従うのが、あの検察庁法の精神で、私は検事総長のとった態度はやむを得ないと思っております。
○吉田（賢）委員　職務上知った秘密事項であるというので拒否されておる例がほとんどだ。あなたは大橋武夫君のいわゆる二重煙突事件では、詳細にいろいろと述べているではないか。
○馬場証人　これはもう決算委員会で事実の内容、疑惑の内容まで明らかにされて、しかも決算委員会から要求されたのであるから、不起訴事件であるけれども、秘密性が非常に薄くなっているという点から、証言することは相当であろうというような観点で証言をしたのでございます。

年を越すまで延ばせ

九月八日に予定されていた河井検事の証人喚問は、首相証人喚問の扱いをめぐり、与野党が紛糾したため中止となった。堤康次郎・衆院議長は吉田首相の喚問を決めたが、自由党は応じる気はまったくなかった。衆院決算委の証人喚問要求に対し、吉田首相は欧米外遊などを理由に拒否してしまう。

このため決算委は、吉田首相を議院証言法違反で告発することを決める。田中委員長と野党委員らが九月二一日、佐藤検事総長と馬場検事正に会見し、告発状を手渡した。地検はその後、これを不起訴処分とする。

衆院決算委は、国政調査権に基づき、佐藤検事総長らが行った証言に関連する職務上の秘密事項の証言許可の要求をした。政府はこれに対し、九月二一日の閣議で、その大部分を拒否することを決定した。小原法相は、「公訴権の維持、裁判の公正、検察の運営に重大な支障を来すおそれがある」と承認拒否の理由を回答した。

これに決算委が内閣声明を要求したため、政府は後に、議院証言法制定以来初めて、「国家の重大な利益に悪影響を及ぼす」との内閣声明（一二月三日）を出すに至る。

吉田首相が長期外遊から帰国する前日の一一月一六日になって、ようやく主任検事だった河井信太郎・東京地検刑事部副部長に対する証人喚問が行われた。河井は疑獄捜査の経緯などを詳述した。田中角栄・委員の河井検事に対する不逮捕特権の質問など、後年の二人の関係やロッキード事件を思えば、運命的なものさえ感じさせる。

○田中委員長　証人は本年八月の『文藝春秋』に指揮権の発動について、「検察の独立性は裁判官のように完全なものではない。最後は大臣の指揮に服するのが遵法さ。しかしこの遵法は上下共通でありたいね」と述べておられる。この「上下共通でありたい」という意味を具体的に示していただきたい。

○河井証人　お尋ねの点につきましては、法の前には何人も平等であるという憲法の精神を、私はそこにいささか再現したつもりで書いたのであります。

○河野（金）委員　指揮権の発動に対するあなたの感想を承りたい。

○河井証人　指揮権が発動されましたときに、別途指示あるまで待てという趣旨の指揮権と承知いたしておりまするが、捜査には時期がございます。贈賄者を逮捕勾留いたしておきまして、四月二九日（三〇日）にはすでにその勾留満期になって保釈出所しなければならないという時期に立ち至っておる際におきまして、暫く待てと言われて待てるものならば、私どもとしてはことさらにあの重要な国会開会中に、逮捕勾留の必要ありというようなことを言い出すわけがないということでご承知願いたいと存じます。

○田中（角）委員　議員の逮捕請求は自ずから慎重な処置が必要ではないか。いわゆる憲法の不逮捕特権の問題と、これを前提にした国会開会中における議員に対する逮捕、これに対して将来どうあるべきと考えるか。

○河井証人　慎重の上にも慎重を期してこれを行うべきであるというお言葉は、私どもはまったくその通りであると存じております。今回の場合につきましても、私どもといたしましては、逮捕要求をいたしますまでには、何回となく上司にもこの結果はこうなるのだということはご報告いたしておるわけであります。四月一九日まで何らお話がなかったのが、突如として指揮権が発動されたため、ご心配のような問題が起きて参ったが、慎重の上にも慎重を期して逮捕の問題は扱うべきと考えております。

○山田（長）委員　捜査方針の中に、積極的に捜査すべしということと、それから政治的考慮は払われるべきではないかという消極論の派とあったということを聞くが、部内にそういう対立した底流があったものかどうか。

○河井証人　造船事件に関しましては、さようなことは毛頭ございません。ただ検察全般に申しまして、現場の検事、第一線の検事は、別に政治的な考慮を払うとかこれをどうするとかいうことは考えないで、ただ事の真相を明らかにしていくのが第一線の検事に課せられた職務である。政治的な考慮あるいは天下国家を考えてどうするかということは、上司がそれぞれの指示をなすべきことである。私どもは検察の部内に入りまして以来、今日までさような教育を受け、またさように確信いたして仕事をいたしておるのでございます。

○山田（長）委員　造船疑獄事件というのは河井検事が先頭に立って、検察当局が従来予期していなかったほど積極的に、あなたが政府当局及び自由党に対する圧力をかけたと自由党内部で言われておるが。

○河井証人　事件は一人の検事がどのように考えましても、それのみで発展するものでもなければ、またそれによって左右されるものでもございませんので、上は法務大臣、検事総長から、下は現場の第一線の検事に至るまで一致協力いたしまして、初めて事案の真相が明らかになって参るのでありますから、お尋ねのようなことは毛頭ないものであることが明白であると思います。

○山田（長）委員　造船疑獄事件の検挙が経済界の変動をおそれて、一二月になされないで一月七日まで延ばされたと言われるが。

○河井証人　それはお尋ねの通りであります。一二月の年末を控えて山下汽船の家宅捜索をやるかどうかというときに、上司から財界の不安その他を考慮して年を越すまで延ばせという指示がありまして、私どもも至極もっともなご指揮であると存じてその通りにいたしたのであります。

二　公　判

佐藤免訴

造船疑獄の捜査は、四月二一日の指揮権発動により突然終息してしまった。このため贈収賄容疑で逮捕されていた飯野海運社長・俣野健輔、大阪商船専務・斎藤明、三井船舶社長・一井保造、日立造船社長・松原与三松、造船工業会会長・丹羽周夫、同副会長・土光敏夫、船主協会理事・神田禎次郎らは次々と釈放された。その後、欧米旅行から帰国後に逮捕された日本郵船常務・雨宮謙次も処分保留のまま釈放される。

地検はすべての捜査を終え、七月二〇日までに一応証拠が固まった三四人を起訴した。

東京地裁は、これを(1)政治資金規正法違反関係＝自由党前幹事長・佐藤栄作ら二被告人(2)飯野海運関係＝飯野海運社長・俣野健輔、同副社長・三盃一太郎、同経理部長・田村辰男、自由党参院議員・加藤武徳、自由党衆院議員・岡田五郎、同・関谷勝利ら九被告人(3)山下汽船・運輸省関係＝山下汽船社長・横田愛三郎、運輸省官房長・壺井玄剛、名村造船社長・名村源、自由党衆院議員・有田二郎ら二三被告人――の三グループに分けて審理を開始した。

第一の佐藤栄作ら政治資金規正法違反関係グループの起訴事実は、佐藤は橋本と共謀し、五三年三月から同一一月までの間、五つの団体・会社から自由党へ計五千五〇〇万円の寄付を受け取りながら、明細を会計帳簿に記載せず、一部については政調会参与会費などと虚偽の記入をさせ、選挙管理委員会・自治庁長官に対し正規の収支報告をしなかった。その内訳は、船主協会二千万円、小野田セメント二〇〇万円、森田汽船三〇〇万円、造船工業会一千万円、石炭協会二千万円である。

五四年一一月三〇日、佐藤前自由党幹事長の初公判が東京地裁（八島三郎・裁判長）で開かれ、佐藤は松阪元司法相と福井前検事総長ら弁護人に付き添われ出廷した。

第三回公判では、検察の冒頭陳述で、佐藤が五三年四月の総選挙資金として約二億円を調達するため、有力経済団体に呼びかけ、一億数千万円の寄付と八千万円の融資を受けたことが明らかにされた。その寄付の中には船主協会・造船工業会からの海運助成法成立の謝礼とみられるものも含まれていた。

証人として出廷した俣野社長は、五三年三月と九月に佐藤に渡した船主協会からの計二千万円について、「最初の一千万円は協会の理事、幹事社から集めて自由党の選挙資金として渡した。次の一千万円は第九次計画造船の割当を受けた各船会社から集まったカネで、自由党の運営経費として渡した政治献金である」などと証言し、賄賂性を否認した。

この五三年九月分は、検察が第三者収賄の嫌疑ありとみていたものである。初公判以来二年間六〇回の公判廷を開き、広川弘禅をはじめ政財界人など約七〇人の証人尋問も終え、翌春には結審する段階まで来ていた。

吉田後継の鳩山内閣は五六年一二月一九日、総辞職前日に国連加盟に伴う大赦令を公布した。罪種は、公選法違反、政治資金規正法違反、旧刑法の一部など、わずか五種のみだった。

佐藤の裁判は、この国連加盟恩赦により、免訴となって終わった。同二八日、地裁で免訴の判決を言い渡された佐藤は、「結局は何も言うことはないさ」と苦笑いした。

このとき大赦対象となったのは約六万九千六〇〇人、うち選挙違反関係以外はわずか一〇〇人にすぎなかった。政治資金規正法違反は全国で三件五人しか該当者がおらず、「選挙違反者と佐藤栄作のみを救済した政治恩赦」と酷評された。指揮権発動と大赦による免訴、佐藤は二度も救済されたが、検察はまたも苦汁をなめさせられた。

飯野海運関係

第二の造船疑獄の本命といわれた飯野海運関係グループの被告事件は、(1)飯野海運のリベートに関する特別背任罪(2)タンカーに対する利子補給及び損失補償法の適用範囲を拡大するための、三盃らの海議連の関谷、岡田、加藤三人への贈収賄罪(3)造船工業会専務理事兼事務局長・渡辺浩が、衆院運輸委員の関谷、岡田二人に造船法一部改正案（一定規模以上の鋼船の製造・修理施設新設を運輸相の届出制から許可制に改めるなど）成立のために謝礼を贈った贈収賄罪(4)運輸省鉄道監督局民営鉄道部財務課長・三木晴雄が、元運輸政務次官の関谷と共謀し私鉄から選挙資金を集めた国家公務員法違反の四件である。

起訴事実の要旨は次の通りであった。

(1) 俣野、三盃、田村ら三人は四九年から五三年までに造船契約を結んだ造船四社からのリベート計一億二千万円を会社経理に入れず、飯野海運にリベート相当額の財産上の損害を加えた。

(2) また三盃（当時タンカー協会会長）らは、第一六国会で第一次利子補給法改正案や五三年度予算案などが審議された際に、タンカー関係に有利な取り扱いになるように請託し、その謝礼として、岡田に三〇万円、関谷、加藤に各二〇万円を贈賄した。自由党衆院議員・前尾繁三郎に同趣旨で三〇万円を贈ろうとしたが断られた。

(3)　渡辺は、第一三国会で成立した造船法改正に尽力してもらった謝礼として関谷、岡田の二人に各五万円を贈った。

(4)　三木は、関谷と共謀し、五三年四月の総選挙に際し、選挙資金として私鉄一一社から計六三万円を受け取った。

東京地裁（栗本一夫・裁判長）は五八年七月九日、同グループの各被告人に対して判決を言い渡した。造船疑獄初となる判決は、その導火線ともいうべきリベートの特別背任事件についてはすべて無罪、収賄罪に問われた加藤武徳・元参院議員も無罪となった。

栗本裁判長は、特別背任罪に問われた飯野海運の俣野、三盃、田村の三人について、「特別背任罪においてその目的を欠き、かつまた犯意を欠く」と、全員に無罪を言い渡した。

判決理由は、俣野らが造船四社から新造船のリベートとして、計一億二千万円を受け取った事実は認めた。しかし、このカネはその処理・管理の態様からみても、実質的には会社財産として取り扱われていたと指摘した。

そのうえで、「結局、本件金員は正規の経理手続によって会社に入金されていないけれども、実質的には被告人等が会社の機密費等の資金として専ら会社のために受領したものと解すべきであるから、本件によって被告人等が会社に対し財産上の損害を加えたものとは認められない」との判断を示した。また、船価決定について、「検察官が主張するようにことさら船価等にリベートを含めてそれだけ高い価格で取り決めたとは言い得ない」と述べた。

贈収賄事件では、加藤については、「賄賂性の認識がなかった」として無罪を言い渡した。理由は、加藤が三盃らから二〇万円を自宅で受け取ったことは事実だが、加藤には第二次利子補給法成立などに格段の尽力をしたとの認識もない。「国会終了に当たり慰労の意味も兼ねた小遣銭を届けさせた」との判断も筋が通らないでもないとして、賄賂性の認識について「証拠が十分でないということを否定し得ない」と結論づけた。

これに対し、二つの収賄罪に問われた関谷と岡田については、有罪判決が言い渡された。三盃と渡辺の贈賄罪など、三木と関谷の国家公務員法違反についてもやはり有罪となった。

判決で認定されたリベートのうち、政界に流れたカネは一千万円、ほぼ五三年四月の総選挙で保守党幹部に献金された。また使途不明の機密費も三千九〇万円あった。さらに四九年から五三年までの間、正規の手続によらないで会社の会計から支出された金額は一億九千四〇〇万円に上り、うち俣野に機密費八千五〇〇万円が手交され、選挙資金として三千六八〇万円が支出されていた事実も明らかになった。

第五九回公判で、俣野は、「私は戦後日本の海運の復興再建のため、全力を挙げて努力したが、とくに連合国の日本海運に関する緩和政策を懇請し、これを実現するためにあらゆる手段を尽くし、そのためには実に莫大な私財を投じている」と述べた。

俣野社長は、無罪判決を受け、「私は敗戦で壊滅した日本海運の復興に全力を挙げただけだ。これらの活動が結果として特別背任ということで追及されたのだが、会社に損害を与えたことなど絶対になく、まったく心外だった。きょうの判決はわが意を得たものだ」との談話を発表した。

山下汽船・運輸省関係

第三の山下汽船・運輸省関係グループは、横田、名村、壺井ら本筋の「山下・名村グループ」らの一五被告人、日本特殊産業社長・猪股功ら「猪股関係」など八被告人である。山下汽船関係には、経済検察の旗頭だった木内曽益・元次長検事らが弁護人についた。

起訴事実の概要は次の通りであった。

(1)　山下汽船社長・横田愛三郎、同専務・吉田二郎は共謀のうえ、造船を発注した浦賀ドック、日立造船から計一億三〇〇〇万円のリベートを受け取り、一部を機密費等に充て費消し、また横田、吉田、同社監査役・菅朝太郎の三人は、猪股功に会社の一億三千五〇〇万円を回収の見込みがないのに不正に貸し付け、いずれも相当額の損害を山下汽船に与えた。横田、吉田、同営業部副長・漆野寿一は共謀のうえ、新造船の割当に関し便宜な取扱を得たい旨を請託し、運輸省官房長・壺井玄剛に対し、三回に分けて計八〇万円を贈った。

(2) 壺井は、山下汽船からの八〇万円のほか、同じような趣旨で名村造船から五〇万円を収賄した。運輸省海運局監督課長・土屋研一、同課監督係長・高梨由雄は共謀し、日本郵船など三社から計一四万円を収賄、土屋は単独で飯野海運社員から飲食代約九千円、名村からピアノ購入代金の一部一七万二五〇〇円の貸与を受け収賄し、高梨は土屋の名村からの収賄を幇助した。同調整部長・国安誠一は東西汽船からゴルフセット一組と現金二〇万円を収賄したほか、自分の兄のために石炭販売会社を設立してもらった。

(3) 名村造船社長・名村源、自由党衆院議員・有田二郎らは共謀して、壺井に五〇万円を贈賄し、さらに開銀理事・松田太郎にも五〇万円を渡そうとしたが拒否された。名村は高梨を介して土屋に贈賄し、有田は衆院決算委員会で、国鉄外郭団体の諸問題追及に手心を加える謝礼として日本交通公社会長・高田寛から三回にわたり二七万円を収賄した。

(4) 日本海運社長・塩次鉄雄は猪股功に対し、会社の金二千八三三万円余を回収の見込みがないのに不正に貸し付け、相当部分が回収不能となった。経済審議庁審議官・今井田研二郎は塩次と猪股の間を取りもった。

五九年九月二一日、造船疑獄公判で最後まで残っていた山下汽船・運輸省グループに対する判決が東京地裁（新関勝芳・裁判長）で言い渡された。

注目された山下汽船幹部が造船会社から受け取った巨額リベートについては飯野海運関係の判決と同じ趣旨で特別背任罪の成立を否定して全員無罪、運輸省関係をめぐる贈収賄は大半が有罪となった。江戸橋商事社長・志賀米平は、病気欠席により、翌一〇月一九日に判決が言い渡され、特別背任は無罪、詐欺罪で懲役六月・執行猶予一年（一審確定）を受けた。

判決は、山下汽船の横田らが計画造船に絡んで浦賀ドッグ、日立造船から計一億三〇〇万円のリベートを受け取り、これをウラ勘定としたのは事実だと認定した。しかし、「故意に会社に損害を加える意図をもってやったのではなく、当時再建に悩む山下汽船のために行った」と指摘し、帳簿はいつでも会社側に公表できるよう明細につけられていたと述べた。検察はリベートのうち約三分の一にあたるカネが役員の機密費として使われたと追及した。これについても事実と認定したが、「会社のためを図って費消されたもので、会社に財産上の損害を加えた事実はない」とした。

新関裁判長は、「本件においては、特別背任罪が成立する為に必要とされる要件の中、図利または加害の目的も、任務に背く行為をしたことも、会社に財産上の損害を加えたことも、また背任行為及び財産上の損害を加えることについての故意の存在したことも、すべてその証明がないことに帰する」と結論づけ、横田、吉田、菅の三人を完全無罪とした。

山下汽船のリベート関係の支出では、政界関係に一千六六〇万円、官界関係に四〇万円、「会社の為に使用しても、会社に請求できないような種類の用途」の機密費三千四六〇万円が認定された。

有田の贈収賄関係はすべて有罪となった。漆野については、壺井に贈った二〇万円は「近く渡米する壺井に対する米国海運事情の調査費用と餞別の意味だった」と認定し、贈賄罪が否定された。壺井、土屋、高梨らも、起訴事実の一部については賄賂性が否定され、その部分は無罪となった。

また造船疑獄捜査のきっかけとなった山下汽船、日本海運の日本特殊産業に対する不正貸付による特別背任罪も各無罪とされた。この無罪判決に横田は、「造船業界の壊滅を防ぐため活動していたもので、リベートもそういう状況から生まれた。裁判官にわかってもらえたのはうれしい。壺井被告の有罪は意外だった」などと語った。

両グループの一審判決に対し、検察側は「新しい証拠を見つけ出す見通しもなく、控訴しても検察側の期待するような結果が得られない」などとして、いずれも控訴しなかった。事実上、検察の完敗である。

有罪となった被告人のうち、壺井、有田、三盃、岡田、関谷ら一六人が上訴（二人控訴取り下げ）したが、相次いで控訴棄却（八人確定）、上告棄却（六人確定）となった。結局、起訴された全被告人については一審判決が確定した。

元東京高検検事長の藤永幸治は、造船疑獄の判決結果について、「この事件は、昭和電工疑獄事件の無罪率三一・五％よりも低いが、それでも二一・五％であり、現在では考えられない高い数字である」と分析している。ちなみに現在の無罪率は〇・〇〇九％（二〇〇四年版「犯罪白書」）である。

Ⅳ　指揮権発動の深層

一　検察庁法一四条

「裏切り者」

指揮権発動騒ぎの後、検察庁内は奇妙な静寂が支配した。そして次第に首相官邸に指揮権発動を入れ知恵した「裏切り者」は誰かが問題となった。吉田首相自身が考えついたとはとても考えられず、とすれば誰が首相の耳にささやいたのか。

戦前の思想検察系の流れをくむ岸本義広・次長検事と経済検察系の馬場義続・東京地検検事正の確執を背景に、様々な噂が飛び交った。やがて馬場に対抗する岸本が、最も疑われて、矢面に立たされた。「最高検次長検事として首脳会議に出席した岸本は、会議では佐藤逮捕を主張、裏に回っては、つぶしにかかっていた、というのである。この裏には岸本を検事総長にさせる含みがあった、といううわさが流された」といわれた。

　とくに馬場腹心の河井は、「岸本はけしからん。佐藤逮捕に同調しながら、ウラで事件をつぶす方に回った」と憤慨した。「岸本を葬れ」と馬場派の検事は喧伝した。

　後に犬養元法相は「〝指揮権発動〟を書かざるの記」を『文藝春秋』誌に寄せ、これが岸本説の有力な裏づけとなった。犬養は、「当時検察庁に対し大きな勢力を持っていた某政治家が、法務大臣たる私や検事総長たる佐藤藤佐氏を差しおいて庁内のある有力者を吉田首相の身内の一人に近づかせ」、意中の人物を検事総長に任命することを条件に入れ知恵したという。

「ひそかに首相の周囲に指揮権発動の可能性なるものを入れ智恵する一方、検察庁内のある上級幹部にも働きかけてその秘密会議の席上、『断乎佐藤栄作を起訴すべし』という、まったく正反対の強硬論を吐かせたのである。（中略）そのうちに首相がひそかに検察庁のある上級幹部と面会したという噂が立って、国会でも野党がだいぶん喰い下がって私を追及した。ところが、偶然にも緒方副総理の口から私は首相官邸の裏門に停まっていた自動車の正体をほぼつきとめた。もちろん、こういう出来事は検察庁法の固く禁じてあるところだ」と書いた。

　犬養の手記は、緒方から聞いたとして、暗に岸本次長検事を非難した。このため岸本は犬養を名誉棄損で告訴した。この告訴はその後、犬養が病気となり死亡し、不起訴となった。馬場派からは岸本説が盛んに流布され、犬養もこれに乗ったようだ。これが今もって岸本説の大きな根拠となっているが、真相はそう単純でも明快でもない。

そもそも法務大臣の指揮権とは何を意味するのだろうか。

検察官は、日本の国家権力の中で、特異で強大な権限を握っている。すなわち刑事訴訟法は、国家機関のうち検察官のみに起訴する権限である国家訴追主義、起訴独占主義を与えている。同時に、犯罪の嫌疑はあっても起訴しないこともできる裁量権である起訴便宜主義を認めている。この基本原則は日本の検察制度の特徴となっている。

この制度は、検察官が全国的な統一組織として活動するという「検察官同一体の原則」と相まって、国家的立場で公平に起訴・不起訴を決定できるという特徴をもつ。これら特徴は、戦前・戦後を通じて基本的に変わっていない。

その一方で、検察官の恣意的・独善的な処理にも陥りやすく、特定の政治勢力の影響を受けた場合には極めて危険なものとなり得る。例えば起訴・不起訴がある政治的な意思をもって行われたならば、刑事司法の公正は根底から危ういものとなる。

検察権は、本質上行政権に属するが、公訴権が司法的性質をもっているため、行政権と司法権の両面の特徴を有している。またこれを行使する検察官・検察庁もその両者の特徴を備えている。

検察庁法一四条は、検察官の準司法的な性格などを考慮し、次のように法務大臣の指揮監督権を規定している。

「法務大臣は、第四条及び第六条に規定する検察官の事務に関し、検察官を一般的に指揮監督することができる。但し、個々の事件の取調べや処分については、検事総長のみを指揮することができる」

同四条、六条には犯罪の捜査、公訴の提起をはじめ、検察官の職務内容が規定されている。そして法務大臣はそのすべてにわたり検察官を一般的に指揮監督することができると定めた。意味深長なのはこの但書で、法務大臣は、具体的事件に関する検察事務については、検事総長を通じてのみ指揮することができるとしている。

政治と検察の接点

行政の一作用としての検察権は、そのように司法権の独立と密接に関わっている。検察の政治的中立性、「厳正公平・不偏不党」が厳しく要求される所以である。その検察権の独立性は、検察官の身分保障と同一四条によって確保されている。

行政権に属する検察権の行使については、内閣が国会に対し連帯して責任を負う責任内閣制の建前から、法務大臣が一定の指揮監督権をもっている。一四条は、政党内閣の一員である法務大臣と検察権の接点の在り方を規定したものである。

戦前には、検事総長の経験者が司法大臣に就任することがほぼ慣例となっていた。また裁判所構成法の「検事ハ其ノ上官ノ命令ニ従フ」（同八二条）、司法省官制「司法大臣ハ各裁判所及検事局ヲ監督シ検察事務ヲ指揮シ」（同一条）などの規定から、司法大臣から検事総長、検察への指揮監督権が直接及んだ。

もっとも戦前の司法大臣の権限がどこまで及ぶかについては解釈が分かれたが、積極説が大勢を占めていた。戦後は検察官を法務大臣から独立させる方向に向かい、一四条も検察事務をできるだけ行政事務から独立させようとの趣旨である。

戦後の検察制度改革で検察庁法一四条但書の規定が設けられた理由について、最高検はこう説明している。

「こうすれば検事総長は司法（法務）大臣の監督の下にあっても全検察官に対して実権を掌握しているのであるから、たとえ司法大臣の不当な指揮があってもたやすくこれに応ずる筈はなく、さればといって認証官である検事総長を罷免するのも容易ではないから、その指揮は適当に是正され、一般の検察官に不当な干渉が及ぶことはなく、したがって正しく検察権を行使することができると考えたからである」

戦後の政党内閣により、政治勢力からの影響や圧力を排除し検察の独立性・公正性を担保するため、一四条の規定が設けられた。同時に「検察ファッショ」のような、検察が独善に陥る危険性をも抑止しようというのである。このため指揮権発動は、「政党内閣と検察権の接点において高度に政治的意味をもつ」ことになる。

日本国憲法になり裁判所構成法の中に規定されていた検察関係の規定を別に独立させ、四七年に検察庁法を制定の際、一番問題となったのがこの一四条の規定である。つまり「検察権の独立」と「行政権としての検察」との関係だった。

戦後、司法省嘱託として新刑事訴訟法の立法に参画した団藤重光（刑法学）は、「二つの要請はどちらか一方だけで割り切ってしまうということのできない非常に困難な問題であり、この第一四条はその点を理論的というよりも、むしろ実務的な感覚でもって解決した」と説明する。そして「その運用がうまく行くかどうかは、検事総長の識見と手腕にかかっているといってよい」と解説する。

解釈論としては、一四条但書の規定は、「これに基づく指揮に関し、国家公務員法九八条（命令服従義務）の適用があることを当然の前提としつつ、法務大臣および検事総長において、同但書の立法趣旨に沿った適切妥当な運用に努めることにより、検察の公正が確保されることを期待したものである」とされる。

この解釈論を超えて、法務大臣と検事総長の意見が実際に食い違った場合、検事総長の対処の仕方までは規定していない。団藤は次のように説いている。

法律でその指揮権が認められている以上、法務大臣から指揮権を受けた検事総長はそれに従う法律上の義務がある。しかし、実際問題としては、検事総長がしっかりと腰を据えていれば、大臣もいい加減な指揮はできない。不当な指揮をした場合には、検事総長は実質的にはかなりこれに抵抗することができる。まして検事総長は検察官としての身分保障もあり、検察官一体の頂点として全検察官を代表しての重みをもっているだけに、法務大臣も歯が立たない。「場合によっては、検事総長が職を賭してまで、その指揮を食い止めることも可能だ」としている。

この団藤の見解の延長線上に、元検事長総長の伊藤栄樹は、自説を展開した。

終局的に法務大臣と意見が対立したときの総長のとるべき対応として、(1)不服ながら法務大臣の指揮に従う(2)指揮に従わず、自らこれに反する取扱いをし、または部下検察官に対して法務大臣の指揮に反する指揮をする(3)官職を辞する——の三つのケースを挙げている。そして「いずれの態度をとったにしても、ことは当然政治問題化し、国民の批判にさらされることとなろう」と指摘する。

後に国会などから「検察官が法を破るのは問題だ」と批判されると、伊藤は、「検察を代表する者としての検事総長は、指揮が違法でないかぎりこれに盲従するという態度をとることは許されない」と書き改めている。

いずれを選択するにせよ、行政権と検察権の衝突であることは変わりはなく、両者は国民の批判を受ける。それによって、行政権の検察権への不当な干渉を排除するとともに、検察権の独善性をも抑制する機能を果たすことになる。

処分請訓規程

造船疑獄では、この一四条の法務大臣の検察事務に関する指揮権が問題となった。検事総長は、特に重要な事件については、捜査の着手、起訴・不起訴の処分などについて、予め法務大臣の指揮を受けると規定されている。

処分請訓規程（四八年法務庁検務局訓令）、破壊活動防止法違反請訓規程（五二年法務府検務局訓令）で定められており、内乱・外患罪や刑事特別法など、これに当たる場合は、検事総長から法務大臣に対して、具体的事件について請訓が行なわれる。また将来政治問題化するおそれがある国会議員や高級官僚、主要財界人らの逮捕・起訴などについても、刑事関係報告規程により、随時報告のうえ、法務大臣の決裁を受けることになっている。

昭電事件の最中、福井検事総長が前国務相・西尾末広に対する起訴請訓を鈴木義男・法務総裁にしたが、一時留保となったことがあった。鈴木は、総長と東京高検検事長を除く七高検の検事長を集め、留保の説明をした。鈴木が西尾と同じ社会党所属のため、法務総裁として指揮権を意識していたといわれる。総長の頭越しに検事長を招集した法務総裁の越権行為に検察の反発は強かった。

検事総長の請訓に対して、法務大臣により明らかにこれを否決する指揮が行われた例は、検察庁法施行以来、造船疑獄のみである。

指揮権発動直後、三人の著名な法律学者が、法律専門誌上で、「法務大臣の指揮権発動」をめぐり座談会をしている。

検察庁法の立法にも関与した兼子一（民事訴訟法）は、やはり法務大臣自身が結局最高の検察権の責任者としての逮捕するかどうかの意思決定をする権限を持っているのだから、内部的に逮捕を許さないということは法律的には可能と主張した。「それに理由をつける必要はない。内部のことなので、理由がなければ効力がないという処分ではない。理由は今言った政治的な問題になるだけで、法律的には理由なんかいらないと思う」として、少なくとも違法問題は起きないと述べている。

これに対し、団藤重光は、検察権の行使が政治的な、特に政党的な影響によって動かされるということになると、実質的には司法権そのものが政治的に左右されるという結果になる。検察庁法一四条但書の規定も、この検察権の独立という趣旨からのみ理解されるべきと指摘する。「政府の方でなんらかの積極的な政治的な理由からこの指揮権を発動して検察権の行使を押さえるということは、この規定の精神に反する」と述べ、実質的違法のおそれを懸念している。

また田中二郎（行政法）は、違法でないにしても妥当でない場合、選挙民の判断という政治的な解決を図るべきとの考え方を示す。

そのうえで、「検察当局がこの造船疑獄を契機として政治の腐敗を一掃しようというある種の政治目的をもって動いているというような見方もされているのでは」と指摘した。「一般の民衆は、検察当局の態度を信用し、こんどの事件を契機として今の政治の腐敗を一掃することを大いに期待している。だから今度の法務大臣の措置に対してはほとんど全面的に反対しているわけですが、それも一つの政治的ねらいをもっているというふうにいえないこともない」と述べ、検察の政治性を冷静に分析している。

指揮書

実際に法相指揮権が発動された経路をもう一度整理、検証してみる。まず佐藤逮捕の処分請求請訓は、馬場検事正―花井検事長―佐藤検事総長―犬養法相の経路でなされた。この訓回は正式には逆のルートをたどって行われる。

ここに佐藤幹事長の逮捕処分請訓、それに対する犬養法相の指揮権発動の原文写しがある。当時の関係者のひとりからかつて筆者に託されたものである。歴史的資料として記しておきたい。

東地検事秘第二三号

昭和二十九年四月二十日

東京地方検察庁検事正　　馬場義続

東京高検検事長　　花井忠殿

自由党幹事長衆院議員佐藤栄作に対する収賄等被疑事件の逮捕処分請訓

右の者に対する別紙被疑事件につき当地方検察官において捜査中のところ、犯罪の嫌疑濃厚となり、この段階において逮捕勾留の上取調べを開始することが左記の理由により相当と認められるので何分御指揮を賜りたく請訓する。

記

一、贈賄者保野健輔を昭和二十九年四月十一日逮捕取調べ中のところ、別紙第一、二の被疑事事実に照応する自供を為して居るが、四月三十日には勾留期間満了となるので、それまでに収賄者を逮捕勾留の上取り調べる必要がある。

二、保野は一井その他と本件発生後、別紙第一の事実については佐藤より財界一般に寄付を求められ、その一環として拠出したものであることにする旨の打ち合わせを為した事実がある趣旨の供述を為して居る。
三、自由党会計責任者橋本明男は別紙第一の事実につき、金一千万円を収受して、佐藤の指示に基づき架空名義人の預金口座に預け入れたこと、並びにこれを自由党備え付けの帳簿に記入しないこと、自由党には正規の帳簿のほかに事実の党費出入りを記載した秘密帳簿が備え付けてあり、この帳簿は橋本逮捕前佐藤が何れかへ持ち去り、この帳簿の存在については佐藤は橋本に固く口止めをして居る事実等を各々自供して居ること。
四、別紙第一の事実については、昭和二十九年四月十二日一井保造を、四月十四日には神田禎次郎を各々勾留して居ることは既に報告した通りであり、一井は五月一日、神田は五月三日各々勾留満了となる。
以上の理由から、衆議院における逮捕許諾の審議の期間をも考慮し、速やかに御指揮を賜りたい。

別紙被疑事実
被疑者は衆院議員として衆議院に於いて予算案法律案の審議で修正表決等を為す職務を有する自由党幹事長なるところ
昭和二十八年三月頃より、社団法人日本船主協会会長浅尾新甫、同協会常任理事一井保造、同俣野

健輔等より、同協会の意向として外航船舶建造融資利子補給及び損失補償法案並びに昭和二十八年度予算案等の審議表決に関し、利子補給額の増額、適用範囲の拡大、その他に関し尽力方請託を受け、その事実をみるや

第一、昭和二十八年八月下旬、右俣野に対し、前記船主協会常任理事俣野等より右請託実現の謝礼として被疑者の所属する右自由党に金一千万円の供与方を要求し、昭和二十八年九月二十四日頃、東京都千代田区永田町一丁目一八番地において、右俣野等より、昭和二十八年九月二十四日付帝国銀行京橋支店振出同行宛て小切手額面金五百万円、金三百万円、金二百万円合計金一千万円を右自由党に供与せしめ、以って前記職務に関し請託を受けて第三者に賄賂を供与せしめ

第二、同年九月中旬頃、同都千代田区丸の内三丁目六番地飯野海運株式会社に於いて、右俣野より昭和二十八年九月二日東京銀行本店振出同行宛て額面五十万円小切手二通、東京銀行日比谷支店振出同行宛て額面百万円小切手一通合計二百万円を右請託実現の謝礼として供与せられるものであることを知悉し乍ら収受し、以って前記職務に関し収賄したものである。

東地検事秘第二四号
昭和二十九年四月二十日

東京地方検察庁検事正　　馬場義続

法務大臣　　犬養健殿
検事総長　　佐藤藤佐殿

自由党幹事長衆院議員佐藤栄作に対する収賄等被疑事件の逮捕処分請訓の件報告

左記被疑者に対する標記被疑事件につき本日付をもって別紙の通り東京高検検察庁検事長あて処分請訓をしたので報告します。

記

自由党幹事長衆院議員佐藤栄作

佐藤幹事長の直接の容疑は、船主協会から海運助成法案の有利な修正などの請託を受け請託実現の謝礼として五三年九月に計一千万円を自由党に供与させた第三者収賄、また佐藤個人として俣野より同月に計二〇〇万円を収受した受託収賄である。造船工業会からの一千万円については直接の容疑となっていない。

最高検察庁日記秘庶第一一九号

昭和二十九年四月二十日

検事総長　佐藤藤佐

法務大臣　犬養健殿

衆院議員佐藤栄作に対する収賄等被疑事件の逮捕処分請求請訓

別紙東京高検検察庁検事長の請訓に掛かる佐藤栄作に対する標記被疑事件については同人を逮捕のうえ取調べをすることが相当と認められる。何分御指示を願います。

法務省秘庶第九九号
昭和二十九年四月二十一日

法務大臣　犬養健

検事総長　佐藤藤佐殿

衆院議員佐藤栄作に対する収賄等被疑事件処分の件指示

昭和二十九年四月二十日付最高検日記秘庶第一一九号で具申の逮捕請求許可の稟請案件は事件の性格と、防衛関係教育関係等国家的重要法案の審議の推移が国策の基本に重大な影響を及ぼすものと考えられる現状とに鑑み別途指示のある時期まで逮捕請求を行わぬよう取計らわれたい。

右指示する。

東京高検検事長が逮捕処分請求請訓を検事総長に上げ、総長は法務大臣に請訓する。この佐藤検事総長の請訓に対し、犬養法相は、「事件の性格」と「重要法案の審議」を理由に、逮捕請求を行わないように指揮した。

二　検察派閥抗争史

裏切るはずがない

なぜ岸本説が流布されたのか。岸本・馬場の派閥抗争とは何だったのか。かつて「司法史は派閥の闘争史だ」と評された。真相は検察の歴史に深く根ざしているようである。

岸本が六五年に死去すると、元検事・事務官ら十数人が集まり、追想録編纂のために座談会を開いた。そこで、造船疑獄のころの検察庁内部の空気が語られている。

出席者のひとりは、「指揮権発動の知恵がどこから出たかというようなことは、その当時は全然問題になっていなかった。『誰がそんなことを考え出したのか』というようなことは話題にも出てこなかった。もちろん法律に書いてあることだから、誰でも知っているのが当然だと思っていた」と話している。岸本である必然性はないというわけである。

その岸本自身が語った話として、東京高検検事長を辞める直前、「まあ、考えてみたまえ。私みたいに何十年も検事一本で通って来た者が、検察庁を裏切るようなことをするはずがないじゃないか。これだけはわかってくれよ」と言っていたという。

一説には、馬場が率いる第一線の特捜検事は佐藤栄作らを逮捕する方針だったのに、思想検事の流れをくむ幹部は「国家有用な人材を汚職などで葬ってはならない」と猛反対したといわれている。

しかし、岸本は、御前会議と呼ばれた首脳会議では、ほとんど発言していない。別のところで、馬場派だった当時の山本特捜部長は、「検察首脳会議では、いつも岸本さんは、黙って眼を閉じ、事件の報告を熱心に聞いておられました」と証言している。しばしば引き合いに出されるこの国家有用論はマスコミ受けするが、それだけにどうも怪し気である。

またある者は、高検刑事部長が会議に呼ばれないのに憤慨し文句を言ったところ、秘密厳守が佐藤総長と馬場検事正から厳重に徹底されていたと話す。

「指揮書が来る前に検事総長が辞表を出し、指揮書を宙に迷わす。これが検察史上に汚点を印すことを防ぐ唯一の道ではないか。この措置は引責ではなく、これにより佐藤総長は児島惟謙の衣鉢を継ぐことになるのだ」と提案し、全員が一致した。これを花井検事長らに伝え、佐藤総長に報告してもらった。

児島は、来日中のロシア皇太子が警備の巡査に切られ負傷した大津事件（一八九一年）のときの大審院長だ。行政権からの干渉を排斥し、「司法権の独立」を守ったことで知られる。

検事長はこれに、「最高検のいろいろな討議の結果、むしろそういう混乱した事態に陥れてはいかん。総長としてはこれを収拾して善処すると言っておられる。君らは余り騒ぐな」と回答してきた。検事らは「善処する」とは総長辞任だと思っていた。だが事態の様相はまったく違った。一週間か一〇日間は集まっていろいろやっていたが、結局は時が経つにしたがって消えていったという。

また別のひとりは、「書面で請訓すれば許可が出るということは考えられない情勢で、指揮権が発動されて差し止められることがわかっていながら書面を出すという話が、一日二日前から耳に入って来た」と言う。指揮権発動が予め察知されていたことがうかがえる。

そして、「そういうように正面切って書面を出したりすればかえって抜き差しならないところへ追い込むようなもので、検察の立場として賢明なやり方ではないという意見があった」と批判している。

事件直後の検察長官会同でも、長野、前橋、福島の各検事正から、「大体、見通しが悪い。逮捕許可請訓がすっといくと思っていたのか。それがいかなかったときはどうするというように二段構えに構えなければ」などと、一枚岩の検察にしては異例の首脳部批判が出た。

知恵者は他に

戦時中の中野正剛事件との比較論も出ている。敗色が濃くなった四三年一〇月、東条首相が、衆院議員・中野正剛の「戦時宰相論」に激怒し、中野とその主宰する東方会などの弾圧に乗り出した。東条は、国会召集日の前日夕、岩村通世・司法相、松阪広政・検事総長らを首相官邸に呼びつけ、中野の処分を強く求めた。

松阪は、「警視庁からの報告だけでは検事局としては証拠不十分で起訴するわけにはいかない」などと反対した。これに対し、東条は「とにかく戦争に勝つため、どうしても検事局で身柄を拘束して、中野を議会に出せぬようにしてくれ」と重ねて要求した。二人の間に激論が交わされた。結局、東京憲兵隊が中野を取り調べ、中野は造言飛語（陸軍・海軍刑法違反）を「自白」した。地裁検事局思想部での取調べにも罪を認めたという。

警視庁特高刑事が押しかける中、検事総長室で首脳会議が開かれた。第一線の思想部は強制処分の請求に反対だったが、松阪は最終的に予審判事への勾留請求に断を下す。この勾留請求は予審判事に却下され、中野は帰宅した夜に自刃して果てた。

このとき松阪検事総長は、事前に一線検事らにもオープンな議論をさせ、その後の経緯も説明したという。それに比べ、今回の指揮権発動での佐藤総長の釈然としない態度に、検事は不信感を抱いている。

佐藤検事総長について、ある者は「検察庁法一四条で法務大臣が検事総長に指揮をするということは法律に書いてあることなんだから、それをやるのは合法的なんだ。合法的なことをやればそれに従うのは法曹として当然である」という考え方に立っていたという。

もし指揮権発動がなければ贈収賄として起訴に持ち込める見通しだったかについては、「とにかくそれは贈収賄罪で起訴するということはかなり難しかったのじゃないかと思う」と述べている。贈賄側の元弁護人は、その根拠として「贈賄側の供述が一致していない。バラバラになっている」ことを指摘している。実際、俣野はある程度自供したが、他の者の供述とは一致しなかったと指摘する。

さらに控訴審判決にも関与した元判事は、「いわゆる大山鳴動鼠一匹の事件で、一審で無罪になった特別背任事件の記録なども読んだが、飯野海運の俣野氏なんかは再逮捕、再々逮捕までやっていてしかも無罪です。これは新関（裁判長）氏が明解な無罪判決をしておる。非常に捜査に無理がある」と言う。しかも狙いは自由党の政治の腐敗を衝こうというのが最初からの狙いだったと断言している。

そのうえで、「実にあの造船疑獄というのは、一国の大政党の幹事長を失脚させ、内閣までは昭電のように潰さなかったけれども、こんな捜査があるかということを私の長年にわたる検事生活の経験から、裁判官として記録を読んで感じた」と、厳しい見方をする。

「確かにそれは格好だけみると、指揮権発動ということはけしからん話、汚点を残したということになるが、逆な見方をすると、指揮権発動が検察庁を救ったんじゃないかなあという気もする」と、率直な感想を述べている。

これまで「政府、検察が正面衝突」「検察の汚点」とされてきたイメージとは明らかに様相が異なるようだ。座談会は岸本追想という趣旨を考慮しても、かなり疑問が出てくる。検事総長だった佐藤藤佐は追想録に、「最近私は、偶然の機会に、本当の智慧者は同君(岸本)ではなく、他にあったということを耳にして啞然として驚き、かつ憤慨したことであった」と追悼文を寄せた。岸本説を明確に否定し、「裏切り者」呼ばわりされた岸本へのせめてもの供養ということなのだろうか。

法相の指揮権発動は検事であれば誰でもが思いつくような話であったという。岸本説は否定される。ではほんとうの知恵者は誰だったのか。いま少し日本検察史をたどってみる。

日糖事件

検察制度は、一三世紀にフランスで設けられた「国王の代官」に始まる。日本の歴史では、『続日本紀』の七二一(養老五)年に「八月辛卯、改摂官記事、号為検事」とある。これが官職として「検事」が登場する最古の記述とされる。摂官は、按察使に準じ、畿内諸国を監察するために置かれた官である。その属官は、初め記事といったが、後に検事と改められた。

奈良、平安、鎌倉時代には弾正台、検非違使、江戸時代に奉行、また明治初期には弾正台、刑部省が置かれた。これら制度は、犯罪糾弾など、現在の検察制度に一部似たところもあった。

日本の近代検察制度の起源は、明治新政府に始まる。明治政府は一八七一（明治四）年、弾正台と刑部省を廃止し、司法省を設置した。江藤新平を初代司法卿に起用し、不平等条約の改正を念頭に、統一的な司法制度の確立をめざした。

欧米列強と比肩できる強力な中央集権国家の建設を模索する新政府は、初めはフランス後にはプロイセン・ドイツを模範として、司法制度を整備し、近代法治国家の体制構築を急いだ。検察制度も、その一環としてフランスをモデルに設置され、後にドイツ型に移行していった。

翌七二年、お雇い外国人法律家フランス人G・H・ブスケの協力の下、ナポレオン法典に基づくフランス司法制度に倣い、裁判所に関する日本最初の統一的法典となる司法職務定制が太政官達をもって制定された。司法職務定制により、司法権独立の基礎がつくられ、近代検察制度が始まる。

この定制により、初めて「検事」の官職が設けられ、その職務は「法憲及人民ノ権利ヲ保護シ良ヲ扶ケ悪ヲ除キ」などと定められた。これら条文には、江藤や新生司法省官吏の理想が込められていた。だが江藤は二年後、「佐賀の乱」に敗れ梟首となる。

司法職務定制はなお律令制の影響が色濃く残っていた。フランス治罪法を母体とする治罪法の制定（一八八〇）により、国家訴追主義、起訴独占主義が採り入れられ、律令系法制の残滓が一掃される。

大日本帝国憲法発布の翌年一八九〇年、ドイツ人法律家O・ルドルフが起草した裁判所構成法が制定される。この裁判所構成法は、日本の司法制度の基本法として、戦後まで重要な役割を担った。裁判所構成法に基づき、各級裁判所に検事局が「附置」され、「検察官同一体の原則」も確立されるなど、検察制度の基本的な性格も形作られた。この基本的な特徴は、戦後も本質的には変わっていない。

明治初期の司法部内には、藩閥の旧思想と新思想の対立があり、また新思想の中にもイギリス法、フランス法、ドイツ法など各派の相違もあった。さらには司法省法学校出身者、学士派と非学士派の軋轢も生じた。このため司法部は委縮し、藩閥や財閥に迎合し、政党に取り入ろうとする者も出た。

やがて新勢力が旧勢力を一掃し始め「検事司法」と評される、司法部における検察の優位が確立していく。明治末期から大正、昭和の太平洋戦争に至る間、司法部は、政治性を強め、思想検察が次第に主流派を形成することになる。

明治末年から大正初年にかけて、疑獄事件が相次いだ。日糖事件（一九〇九年）は、大日本製糖会社が、関税の一部を業者に返還する原料輸入砂糖戻税法を延長する改正案の成立と砂糖官営実現などの国家保護を受けようと、衆院議員に贈賄した汚職事件である。近代日本における政界と企業をめぐる贈収賄事件の基本類型をなすものだ。

「検察が、天皇制官僚としての独自性を強め、その意識を高める大きな一歩として、日糖事件は大きな歴史的意味をもった」（大江志乃夫）と指摘される。

小林芳郎・東京地裁検事局検事正が、陣頭指揮に当たり、衆院議員二十数人と同社重役を起訴した。国会議員が絡む初の大規模な汚職事件となったが、桂太郎・首相と平沼騏一郎・司法省民刑局長兼大審院検事（一八六七―一九五二）とが妥協を図る。裁判の結果、議員は数人を除き全員が、重役は全員が有罪となった。

平沼は後日、「司法部が世間から憚れるようになったのはこれからである」と述べ、日糖事件以降、検察主導の体制が確立したという。それまでは検事局よりも警視庁の力が強く、対抗できなかった。藩閥勢力や政党から相対的に独立した検察官僚が司法部内に台頭し、日糖事件は検察権が次第に独立・拡大していく出発点になった。検察史において一大画期をなす事件と位置づけられる。検察の捜査権限強化に、さらに訴追裁量権も拡大されていく。この検察権拡大の過程で、思想検事を中心とした平沼閥が形成される。

小林検事正は、就任早々検事局の人事刷新を図り、小原直（一八七七―一九六六）、塩野季彦（一八八〇―一九四九）などの敏腕検事を集め育てた。七年余にわたり検事正を務め、小林は東京検事局の全盛時代を築いた。

平沼・塩野閥

長野県松本での製材所工員の逮捕に端を発した大逆事件（一九一〇年）は、「明治天皇の暗殺を謀った社会主義者の一大陰謀事件」として、明治末期の日本社会を震撼させた。日露戦争に反対し平民社を起こした幸徳秋水らが順次検挙された。病身の松室致・検事総長に代わり大審院検事局次席検事の平沼が総指揮を執り、主任検事の小山松吉、小原直らが取調べに当った。平沼の意を受けて東京地裁所長の鈴木喜三郎（一八六七―一九四〇）も動いた。

初公判から約一ヵ月の余りにも迅速な裁判により、大審院は翌一一年一月一八日、幸徳ら二四人に大逆罪を認め、死刑を言い渡した。うち半数は判決翌日に恩赦となり無期懲役に減刑されたが、幸徳らには一週間後に死刑が執行された。

大逆事件は、「近代日本の裁判史上最大の暗黒裁判」と指摘される。同事件では、天皇制そのものへの挑戦として、行政・司法が一体化した。司法部は、行政部に追従し、天皇制支配の装置として機能した。

海軍疑獄のシーメンス事件（一九一四年）では、ドイツ・シーメンス社と三井物産の役員らが、巡洋戦艦建造などに絡み多額の賄賂を海軍将官に供与したとして、贈収賄罪に問われた。検事局は、統帥権下にある帝国海軍と大企業の関係にまで追及の手を拡げた。

平沼検事総長の総指揮下、小原地検次席が主任検事、塩野がその助手として活躍した。これによって、「司法部に小原あり」とその存在を知られるようになる。海軍将官は軍法会議にかけられ三人全員が有罪、民間人一一人は裁判で一人が無罪となったほか有罪となった。

シーメンス事件により第一次山本権兵衛内閣は倒れ、検察捜査が初めての内閣倒壊を招いた。また山本ら薩摩の海軍と政友会、山県ら長州の陸軍と立憲同志会という二大勢力の対立抗争が事件を拡大した。後に山本が再び組閣すると、平沼は、山本の潔白を証明し、司法大臣として入閣することとなる。

平沼は、大逆事件の半年後に司法次官、一九一二（大正元）年一二月に検事総長となる。日糖事件やシーメンス事件などの摘発を通じて、司法部支配を確立し、検察権の独立・拡大を背景に政治的影響力を行使した。勅任官（高等官一、二等）から親任官（天皇の親署によって叙任）となった検事総長は、平沼が最初である。

検事総長就任の翌年、行財政整理のため司法部の大改革を断行し、平沼体制を盤石なものにする。「今や平沼検事総長、小林検事正を中心とし、小山（温）次官、鈴木刑事局長を左右の翼となし、所謂平沼派全盛の時代なり」と評され、司法部の実権を掌握した。

大浦事件（一九一五年）は、シーメンス事件により第一次山本内閣が瓦解し第二次大隈内閣が発足した直後に起きた、陸軍二個師団増設案と海軍軍艦建造案をめぐる贈収賄事件である。大隈内閣の副総理格の大浦兼武・内相が、同案の国会成立を計り、衆院書記官長を介し、政友会議員に現金を贈ったというものだ。

大浦を起訴猶予処分とすることで、世論の非難を浴びたが、実は検察発展の礎石を築いた「検事司法」の始まりとされる。すなわち検事の捜査権限強化に加え、訴追裁量権が拡大されたことにより、さらに検察権は強力なものとなった。

「統帥権の独立」に依拠して「軍部ファッショ」が生まれたように、「司法権の独立」「検察権の独立」が「検察ファッショ」を引き起こしたと指摘（三谷太一郎）される。

約一〇年間にわたり検事総長を務めた後、平沼は、大審院長、第二次山本権兵衛内閣の司法相を歴任し、司法部の実力者として君臨した。二四年、皇室中心主義の修養団体・国本社を結成し、司法官僚や軍部将校、政界の国家主義者を糾合した。

この国本社を基盤に政治的な足場を固め、国粋主義・右翼ファシズム思想の中心的存在として、自由主義思想などを徹底的に排撃する。司法・政界に隠然たる勢力をつくり、貴族院議員に任ぜられた。判検事のほとんどは雑誌「国本」の読者となり、平沼の司法部への思想的影響には絶大なものがあった。

また鈴木喜三郎は、司法次官、検事総長を経て、清浦奎吾内閣の司法相、田中義一内閣の内相となる。さらに犬養毅内閣の司法相、内相を経て、五・一五事件での犬養死後に政友会総裁に就き、戦争中の四〇年死去した。

治安維持法の立法に際し、大逆事件で重要な役割を担った平沼と鈴木らを中心に、司法官僚が内務官僚より熱心に立ち働いた。二五年五月、共産主義や反国家反政府的な言論・思想の自由などの取り締まりを目的とする治安維持法（第一次法）施行とともに、思想検事という新しい司法官僚が登場し、治安対策の主導権を握ることになる。

治安維持法は翌二六（昭和元）年五月、京都学連事件に初適用された。二八年二月に普通選挙が実施されると、翌三月に共産党員の全国一斉検挙三・一五事件が起きる。同年六月には、目的遂行罪と死刑・無期刑を追加した改正治安維持法（第二次法）が緊急勅令で公布、施行される。同月、関東軍による張作霖爆殺事件が起きた。

緊迫する社会情勢を受け、翌七月に内務省は、保安課を拡大強化し、全府県に特別高等警察課を設置した。これと同時に、司法省にも、思想係検事が新設される。思想統制は、特高警察と思想検察、内務省と司法省の連携により行われた。だが実際に治安維持法の適用の主導権を執ったのは思想検察であった。三・一五事件は、思想検察にとって歴史的な事件となった。

この三・一五事件、翌二九年の四・一六事件で指揮を執ったのが東京地裁検事局の塩野検事正である。二七年一〇月に検事正に着任すると、松坂広政を次席に任命し、検事局を部制とし、思想専門の特別部を置いた。これが後の思想係の先駆けとなった。

塩野検事正の指揮の下、東京市議会の汚職事件に始まる昭和初頭の五大疑獄事件を摘発し、大臣級を相次いで起訴した。この「政界粛正」（塩野）によって、政界は検察に対する恐怖心を抱くことになった。東京市議会汚職、鉄道疑獄捜査には、木内曽益も補助検事として関与した。

一方、平沼・鈴木ら思想検察の主流派に同調しない小原直・司法次官の下には非主流派がつくられていった。平沼・鈴木らににらまれた小原は三一年、希望した検事総長に就けず、東京控訴院長に転出した。「鈴木法相の独自の構想による人事であったと察せられた」と、小原は後に苦々しく語った。

検察ファッショ

金融恐慌で破産した鈴木商店の整理によって台湾銀行の担保となった帝国人絹株の買い受けをめぐる帝人事件（一九三四年）が起き、時の斎藤実内閣に波及した。

枢密院副議長の平沼は、自らの内閣実現を企図し、軍部・右翼と謀り、斎藤内閣倒閣に配下の司法官僚を走狗として使った。検察は、商工、鉄道の両前大臣、大蔵省幹部ら政財界の一六人を贈収賄罪などで予審請求した。

東京地裁は三七年、帝人事件はまったくの虚構による「空中楼閣」として、全員に無罪判決を言い渡した。左陪席の石田和外・裁判官は、判決で「あたかも水中に月影を掬するの類」と検察を痛烈に批判した。検察は控訴を求めたが、林銑十郎内閣の司法大臣となった塩野が泉二新熊・検事総長に「大乗的見地から控訴権放棄」を命じ、帝人事件は無罪確定で幕を閉じた。

公判では、被告人への革手錠使用など、検察の人権蹂躙問題も暴かれた。また主任検事が取調べで「俺等が天下を革正しなくては何時迄経っても世の中は綺麗にはならぬのだ」などと豪語し、世論には「検察ファッショ」の激しい批判が沸き起こった。

倒壊した斎藤内閣後継の岡田啓介内閣の司法相として小原が入閣すると、司法省行刑局長だった塩野季彦は名古屋控訴院検事長に異動する。司法次官を期待していた塩野は小原への反感を強めた。

「配所の月を見る心境だった」と、後に塩野は述懐している。

翌三五年、国体明徴運動の一環として軍部・右翼が、美濃部達吉の天皇機関説を排撃し、東京地裁検事局に告発する。小原司法相は、美濃部を貴族院議員辞職と引き替えに起訴猶予処分とした。このため平沼派や軍部の反感をさらに買うことになる。

帝人事件は自由主義とみられた斉藤内閣を倒壊させ、平沼は自らの内閣実現へ向け所期の政治目的を達成した。三九年一月、第一次近衛文麿内閣が退陣し、平沼枢密院議長が首相に任命された。ノモンハンでの日本軍敗北が決定的となった同年八月、独ソ不可侵条約締結が突然発表された。三国同盟をめぐる閣内対立を処理できなかった平沼内閣は、大混乱を来し、「欧州の天地は複雑怪奇」との声明を出し総辞職する。敗戦後、平沼は、A級戦犯として極東国際軍事裁判で終身禁固刑を宣告されるが、五二年病死した。

塩野は平沼の「国本社」に共鳴し、平沼も塩野を腹心として重用した。塩野は、大審院次長検事、林内閣の司法相などを歴任した。その後も第一次近衛文麿内閣、平沼内閣の司法相に留任し、司法部の国家統制を推進する。

平沼内閣総辞職後の四〇年、小野清一郎ら法学者・法律実務家を糾合し、「日本固有の法制と法理の闡明」を目的とする「日本法理研究会」を創設、主宰した。戦後、法理研究会は解散指定を受け、塩野は戦犯容疑者としてなるが四六年釈放され、四八年死去した。

司法部内の主流・反主流の色分けも、天皇制下にあっては相対的なものにすぎなかった。日中戦争へ突入する中、司法部は国家総動員体制に組み込まれていく。

三七年九月、司法省に思想担当の刑事局五課(思想事件、治安維持法、思想関係の外事など)が置かれ、翌年には同六課(五課に属さない思想犯罪、出版物、類似宗教など)が拡充される。初代の六課長には五課長の清原邦一(一八九九―一九六七)が兼務し、三九年一月に太田耐造(一九〇三―五六)が六課長となった。

四一年三月には、太田主導の下に予防拘禁制などを導入した改正治安維持法(第三次法)が公布さる。同時に成立した国防保安法とともに戦時下の治安法制の根幹をなした。太田は、一躍思想検事の旗手となる。

全国各地に「国体の本義を体した思想係検事」が配置され、検事局は戦時体制に突入していく。翌四二年一一月、五課と六課は統合され思想課となり、初代の思想課長には井本台吉が就いた。

また国民生活においても、三九年に価格等統制令・地代家賃統制令が施行され、すべての分野にわたり戦時経済統制が敷かれた。経済統制とともに、国家総動員体制の一環としての検察、経済検察の確立が重要となった。三九年に東京区検事局経済次席から、四一年司法省刑事局第二課長(後に経済課に改称)となり、馬場義続が経済検事として頭角を現す。

三　戦後検察の誕生

裁判所との分離

司法省も、四五年三月一〇日の米軍機による東京大空襲で、一夜にして外壁を残し灰燼に帰した。近代的司法制度の確立を目指しながらも跛行的な発展形態をたどった日本の司法制度は、日本国憲法の制定により三権分立の原則を確立し、決定的な変革がもたらされた。

この「検察庁と裁判所の分離・独立」は、日本の検察制度の基本的な性格を形作った裁判所構成法以来、百年を超える日本の検察史において最大の出来事である。すなわち四七年五月三日、日本国憲法と同時に新しい裁判所法と検察庁法が施行され、最高裁判所が発足した。司法省からの裁判所の完全独立が達成され、戦後の新検察が誕生した。

敗戦に続く混乱の中、四五年一〇月四日、ＧＨＱは突然、日本政府に対し、「政治的、市民的及び宗教的自由に対する制限撤廃に関する覚書」（人権指令）を発した。人権指令は、政治犯釈放、思想警察全廃、内相・特高警察全員の罷免、治安維持法など弾圧法規の撤廃などを要求した。政府は当初、治安維持法を残し、特高は自粛程度に止めようという考えだった。

司法省は、人権指令に伴い、全国二二ヵ所の保護観察所を閉鎖し、思想犯保護観察に関係した観察所長、保護観察官、輔導官ら約一千一五〇人余に退職を発令した。

人権指令では明確に罷免対象とならなかった思想検事については、一〇月八日に大臣訓令、刑事局長通牒を出し、思想検事・判事を廃止し、今後は思想係の名称を使用しないと指示した。同月一五日に治安維持法、思想犯保護観察法などが廃止されるとともに、司法省分課規程改正により、各所管の刑事局思想課と刑政局第四課も廃止となった。

GHQは、翌四六年一月四日付で、覚書「公務従事者に適せざる者の公職からの除去に関する件」、いわゆる公職追放指令を日本政府に発した。戦争犯罪人や職業軍人、超国家主義者、大政翼賛会、翼賛政治会・大日本政治会などを網羅していた。

A項からF項までの六類型には戦時中の役職を具体的に記していたが、G項は「その他の軍国主義者及び極端なる国家主義者」とし、抽象的で曖昧な基準だった。そのG項一号では、「軍国主義者的政権反対者を攻撃し又はその逮捕に寄与したる一切の者」を指定した。政府は二月二八日、この覚書に基づき、「就職禁止、退官、退職等に関する件」（勅令一〇九号）を公布施行する。

司法省はこれを受け、七月三日、思想検察関係者の追放退職を発令し、省内の資格審査会での審査の結果、該当するとみなされた検事長、検事正、検事ら二五人に依願免本官を発令した。審査に当たった刑政局長の清原邦一、太田耐造らも、追放組に含まれた。元思想課長の井本がこれに先立つ同五月一〇日付で追放第一号となるなど、省内での公職追放はすでに始まっていた。

覚書該当者の基準では、国務大臣、内大臣、枢密院議長らと並び検事総長が指定されたほか、「思想検察・保護観察などのG項該当者」があげられた。それによると、「特高警察又は思想検事に従事した間において、左に掲げる重要思想刑事事件の処理に当たって重要な役割を演じた者」とされ、労農グループ事件などの六つの思想事件、燈台社事件など五つの宗教事件、その他同種の事件の計一二事件が列挙された。

さらに「思想検察　八年間以上又は昭和一六年三月以降四年間以上に亘って思想検察に従事した者で、その期間中において検事以上の職を占めたことのあるもの」との解釈基準が示された。保護観察所長らも同様だった。この「昭和一六年三月」には、予防拘禁制を導入した治安維持法（第三次法）が公布されている。

塩野季彦は病気で免れるが、平沼騏一郎をはじめ、岩村通世、松阪広政ら戦時中の司法相は、戦犯として巣鴨プリズンに収容された。四六年二月には現職の中野検事総長が、翌年八月には小原元司法相が公職追放となった。

戦争中は「思想検事にあらずば検事にあらず」といわれたほど花形だった思想検事を中心に、この公職追放令により四六年八月末までに三七人の検事が追放となり、往年の勢いはすっかり消沈した。思想検事には一高（東京）、東大卒業者を意図的に集め、彼らは司法官僚の中核になっていた。このため公職追放によって、司法部の受けたダメージには深刻なものがあった。思想検事追放が、後の派閥抗争に大きな影響を及ぼすことになる。

五〇年に勃発した朝鮮戦争のころから追放は解除され、五二年四月の講和条約発効で失効となった。パージされた検事は順次復職し、清原、井本をはじめ、要職に就いた者もいる。

木内・馬場体制

弁護士出身の福井盛太が四六年六月に事実上戦後初の検事総長に就任した直後、浦和地裁検事正から東京刑事地裁検事正に木内曽益が就任した。

木内曽益（一八九六―一九七六）は、翌年五月の検察庁法施行に伴い、東京地検の初代検事正となる。血盟団事件、五・一五事件（民間側）、二・二六事件（同）の主任検事として捜査を担当したが、平沼・塩野派の思想検事からは、その硬骨漢ぶりが疎まれた。翌六月、木内は、腹心の馬場を東京地検総務部長から、次席検事に抜擢する。

馬場義続（一九〇二―七七）は、九人兄弟の長男として福岡県・秋月の農家に生まれ、一時は八幡製鉄の工員として働きながら、夜間中学にも通った。五高（熊本）から東大法学部法律科（英法）を卒業し、二八年に司法官試補となり、戦中から経済検察に関わった。馬場の周囲は、いつも空気がピーンと張りつめていた。

在野法曹から抜擢された福井は検察の内部事情に暗かった。戦前に司法部を跋扈した太田・井本ら思想検事が公職追放となった間に、冷遇されてきた木内・馬場らの経済検察系が次第に検察の牛耳を執り始める。札幌高検検事長の岸本ら平沼・塩野派系と木内・馬場らとが、激しい対立と抗争を繰り広げることになる。太田は、公職追放となり弁護士登録し、一時は検事長や法務事務次官候補にもなったが、復職しなかった。

木内より二年後輩の岸本義広（一八九七―一九六五）は、大阪・岸和田の農家の五男に生まれた。養子となり、三高（京都）から東大法学部法律科（独法）を卒業し、一二三年に司法官試補に任官した。血盟団事件、五・一五事件で木内の補助など、主に右翼思想事件を担当した。二・二六事件では、行方をくらました光行次郎・検事総長を排撃した所謂「虎退治事件」に関わり、太田らとともに左遷され、甲府地裁次席検事に出された。政界とのつき合いも広く、豪遊磊落ぶりで知られた。

ＧＨＱは当初、岸本を好ましからざる検事とみなして追放指令を司法省に出した。当時の人事課長が思想検事歴二年二ヵ月にすぎない岸本は追放令の基準に該当しないと民生局（ＧＳ）のケーディス次長を説得して、ようやく追放を免れた。

系譜的には、思想系の平沼―塩野―岸本―井本に対し、経済系の小原―木内―馬場という対立構図になる。この派閥抗争は昭和天皇にも達したと、松本清張は戦後初代法務総裁の鈴木義男の話を紹介している。

「彼はある日、天皇から『大臣、司法省には塩野閥というものがあるそうだが、敗戦後の今日（当時は昭和二二、二三年ころ）でもあるのか』と聞かれ、『微かにうすい糸を曳いたようなものがあるにはございます』と答えたとある。検察庁内の派閥が、天皇の耳にも達しているというので、鈴木は驚いている」

その塩野自身は後に、「司法部内に塩野閥などの存在は断じてなく、その実は空々である」と否定した。「しかし一部の不平者があって、塩野閥の幻影を作り実在化してくれたので、終に天聴に達して公然の存在ともなり、その威力、その功績を顕揚するに至ったのは有り難いことでもあろうか」と苦笑している。

馬場次席は、四七年一一月、東京地検に、旧日本軍などが持っていた物資の横流し摘発を目的とする隠退蔵事件捜査部（部長・田中萬一）を新設した。これが四九年五月に発足する政官財界の不正摘発を任務とする特別捜査部（同・福島幸夫）に発展する。特捜部は、馬場の米連邦捜査局（ＦＢＩ）構想に基づき、昭電事件をきっかけに発足することになる。

片山哲・社会党連立内閣は四七年一二月、唯一の社会主義的色彩をもつ炭鉱国家管理法案を成立させた。この法案審議をめぐり、これに危機感を深めた炭鉱業者らが法案を阻止するため国会議員に多額の金を贈った贈収賄事件が発覚した。この炭鉱国管事件は、昭電事件とほぼ並行して捜査が進められた。

ＧＨＱが福井検事総長を呼びつけ、事件捜査を命じた。検察は昭電事件に主力部隊を取られたため、東京高検と地検が異例の合同捜査本部を設置し、これに福岡地検も参加する形となった。捜査は四ヵ月に及び、贈賄側は炭鉱業者五人、収賄側は前法務政務次官・田中角栄、元厚相・竹田儀一ら政治家七人の計一二人を起訴した。裁判の結果、五人、うち政治家は田中を含む四人が無罪となった。

昭電事件

翌四八年に起きた昭電事件は、大手肥料会社の昭和電工が、戦後日本経済再建のための復興金融金庫からの政策融資の獲得をめぐり、政官界に巨額のカネをばらまいた贈収賄事件である。戦後検察にとって、初の一大疑獄事件捜査となる。

日本経済再建のため、ＧＨＱは、電力、鉄鋼、船舶、肥料、石炭など基幹産業を早急に復興整備することを日本政府に指令した。政府は、これら基幹産業を優遇して育成復興を図る傾斜生産方式をとった。その傾斜生産方式の主要な政策手段のひとつが復興金融金庫による融資だった。その復金融資の半分は炭鉱向けで、次いで電力、化学工業などが大きな比率を占めた。

昭和電工は、大手の化学肥料製造会社で、森コンツェルンの森暁社長ら四人が公職追放となり、そのあとに日本水素工業社長の日野原節三が就任した。当時、食糧増産のため速やかな肥料製造が急務として、昭電に対し約二六億三千万円の復金融資がされたが、このうちの半額近くに相当する第三次融資をめぐり贈収賄事件が起きる。

事件捜査は、初めはGHQのG2影響下にあった警視庁の秦野章・捜査二課長の指揮で内偵していた。だがGSケーディス次長らの指示により外され、東京地検が独自捜査を始めるという特異な経過をたどる。事件捜査の当初から、GHQの内部抗争、主導権争いが色濃く影を落としていた。

地検捜査は、五月二五日、警視庁が昭電本社を肥料横流しなどの物価統制令違反容疑で強制捜査したのに始まった。六月に昭電社長・日野原を逮捕したのをはじめ、一二月には衆院の逮捕許諾を受け民主党の芦田均・前首相らを逮捕し、収賄罪で起訴した。

約八カ月に及んだ捜査は、関係者約二千人を取り調べ、六四人を逮捕し、三七人を起訴した。主だった者には、経済安定本部長官・栗栖赳夫、前国務相・西尾末広、民主自由党顧問・大野伴睦、大蔵省銀行局長・福田赳夫らがいた。

検察は木内法務庁検務長官―馬場地検次席の体制下、特別捜査本部を設置し、元海軍主計大尉の河井検事らが辣腕を振るった。馬場腹心の河井信太郎（一九一三―八二）は、会計帳簿読みに優れ、「闇魔の河井」「特捜の鬼」と称された。

芦田前首相は、小菅拘置所に勾留されているとき、河井から「穏便な方法」として、議員辞職を促されたことを日記に記している。即座に芦田はこれを拒否した。そして河井の独善と危うさを批判している。

「いつの日であったか、河井検事は現在の政界を浄化する…それが正義感からも、国に対する忠誠からも吾々の義務という話をした。私は『その志はよいとしてもソレに独善が加はるととんだ事になる。〃青年将校〃ですね』と半分笑ひ乍ら私が批判したら、彼はマジメになって『青年将校ではありませんよ』と否認した」。戦前、帝人事件捜査の際に聞いたよう台詞である。

前首相の起訴事実は、建設業者からの収賄であり、日野原が昭電への融資を引き出すため巨額のカネをばらまいたという昭電事件の本筋とは、まったく次元を異にした。

芦田は、起訴事実に対し、「政治献金として受け取ったものが職務に関して賄賂になるとは夢想だにしなかった。私は、検察庁が私を逮捕、拘禁するのは、政界から私を葬り去るのが目的だと感じた」と全面否認し、GHQと検察による謀略を主張した。

東京地裁は五二年一〇月、芦田に無罪（控訴棄却、確定）を言い渡した。判決理由は、「国務大臣（外相）、特別調達庁主務大臣としての職務権限とは関係がない」とした。賄賂と政治献金の認定が困難だったため、政治家では栗栖以外はいずれも無罪となった。結局、一審で一二人、二審で一〇人、上告審で一人と計二三人もが無罪となる。新生戦後検察の惨敗である。

この事件の深層には、GHQ内のGSニューディーラーらとG2反共主義者らの対立・暗闘があった。事件摘発により、G2のウィロビーらは、GS—芦田内閣を打倒するとともに、GSのケーディスらを一掃し、吉田による長期安定保守政権への基盤づくりを目論んだものといわれる。

G2の思惑通り四八年一〇月、民主・社会・国協三党連立の芦田内閣は崩壊する。G2と癒着した吉田を嫌ったニューディーラーたちは同じ民自党の山崎猛・幹事長を後継首相に担ぎ出そうと謀り、いわゆる「山崎首班事件」が起きた。

結局、第二次吉田内閣が成立し、その後、四五年間の長きにわたる保守政権に道を開くことになる。それは東西冷戦の幕開けに伴う非軍事・民主化の対日占領政策の転換を反映し、GSのニューディーラーたちの敗退を意味した。

占領下の検察は、GHQの内部抗争に巻き込まれた。GHQを後ろ楯に、戦後検察が勇み立った疑獄事件捜査は、いずれも龍頭蛇尾に終わった。しかし、それと引き替えに、地検には、馬場を生みの親とする特捜部が誕生したのである。

木内騒動

福井総長の後任には、朝鮮戦争勃発直後の五〇年七月、佐藤藤佐が、検察庁法施行後二代目の検事総長として法務府刑政長官から就任した。佐藤は裁判官出身のため検察部内からの総長起用を求める意見が強かったが、追放により人材を欠いたという事情があった。

佐藤藤佐（一八九四―一九八五）は、秋田県の庄屋の家に九人兄弟の末弟として生まれた。父親が面倒になって姓を逆さにつけたというエピソードが残っている。一高から東大法学部法律科（英法）

を卒業、司法官試補に任官した。戦前には横浜・東京などの地裁所長を務めた。精励恪勤の典型的な能吏、「背広を着た修身」といわた。

五〇年六月、第三次吉田内閣は朝鮮戦争勃発直後に大改造を行い、法務総裁に戦災復興院次長を務めた四五歳の大橋武夫を抜擢した。

旧内務官僚で警察畑を歩き、共産党の動向に精通した大橋の起用は、朝鮮戦争下での対共産党の治安対策を重視したものだ。前年四九年に衆院島根全県区で初当選したばかりの大橋は、吉田学校門下生で、浜口雄幸・元首相の女婿であった。閣僚や党人事を、吉田はほとんど独断で決めていた。

政界には、昭電事件で政府を倒壊させた検察への恐怖と警戒感が拡がっていた。朝鮮戦争を背景に内外の治安情勢が緊迫する中で、大橋法務総裁の検察人事構想をめぐり、いわゆる木内騒動が起きる。

翌五一年正月七日、広島入りした大橋総裁は、同行記者団に、「治安方面の主役割を占める検察陣の刷新を図る意味で、二、三の検事長級の勇退を含む検察陣の異動を行いたい」と表明した。大橋の人事構想は、木内次長検事を札幌高検検事長に転出させ、後任に広島高検の岸本検事長を起用しようという案である。木内次長の地方検事長への転出は、福井前総長時代からの懸案でもあった。

検察の序列は、検事総長を頂点にし、東京、大阪の両高検検事長、次長検事、次いで名古屋、広島、福岡、仙台、札幌、高松の各高検検事長の順だ。すべて認証官である。事務次官は認証官ではないが、法務・検察の人事に大きな権限を掌握していることから、実際は次長に次ぐ格にある。

大橋総裁は、就任直後の佐藤検事総長に、この人事構想を伝えた。佐藤は機会あるごとに大橋の意向を伝えたが、木内はとりつく島もなかった。佐藤総長は岸本とは反りが合わず、内心では岸本起用に反対だった。

経済検察の旗頭の木内は、次長として検事総長を補佐し実権を握り、思想検察系の塩野・岸本派の検事に報復人事を強行していた。戦前・戦中に冷や飯を食わされた木内のこうした人事は部内でも苦々しく思われた。

また木内には、時の政府に馬を合わせすぎるとの陰口も出ていた。戦争中、浦和に追いやられたことから「苦節一〇年」の宿怨が頑迷すぎ、人望は落ち目にあった。片山内閣の社会党の鈴木法務総裁と親しかったことも、レッドパージを断行した反共の闘士である大橋の反感を買ったようだ。

公職追放による大異動があって以来、検察には過去五年間何ら人事異動がなかった。このため講和を前に治安の責任をもつ検察に清新の空気を注入しようと、太田に代わる実力者の岸本への期待が高まっていた。検察の手綱を握る次長検事に部内の抑えの利く人をとの大橋の構想から、敗戦後、塩野閥直系のため不遇をかこっていた岸本に白羽の矢が立った。岸本は、政界に知人が多く、政治性があり融通もきく手腕家とみられていた。

これに政略的な意図をみてとった木内は、検察庁法二五条「検察官の身分保障」を楯に、異動を拒否する。最高検など在京検察内にも大橋の「職を賭しても断行」という強引な人事へ強い反発が起きた。

同二五条は、「検察官は、前三条（定年、適格審査会の罷免、剰員）の場合を除いては、その意思に反して、その官を失い、職務を停止され、又は俸給を減額されることはない。但し、懲戒処分による場合はこの限りではない」と規定している。

大橋は、木内は次長検事という検察官から、同じ検察官である検事長に移るのだから、何ら法律上不当ではないという。法務府の佐藤達夫・法制意見長官も、検察官の身分保障に転官・転所は含まないとの同じ見解であった。

これに対し、佐藤検事総長は木内を支持した。「次長検事の職が検察庁法によって身分を強く保障される『官』であるかどうかの点についてだが、以前は検察官の『官』は検事一本で次長検事も検事長も補職であった。それを検察庁法を立法するとき次長検事も検事長もそれぞれ一つの『官』にしたので、私の解釈は誤っていないと思う」と見解を公表した。

大橋らの見解に従えば、法相が検事総長を副検事に左遷するということもあり得るわけで、検察権の独立を担保しようとした検察官の身分保障は形骸化してしまう。

二重煙突事件

政府・自由党内にも慎重論が起こり、吉田首相、佐藤栄作・幹事長らは、木内の任地を名古屋にする妥協案も考えた。最高検も、法律解釈では木内を支持するが、検察の威信保持のため軽挙妄動を避け、佐藤検事総長に一任し、円満解決を図ることで一致した。

吉田首相と相談のうえ、大橋は、木内の異動を三月七日に閣議決定することを決める。両者の正面衝突が想定されたが、閣議決定前日、木内が辞表を提出し、急転収拾をみた。

佐藤総長に辞表を出した木内は、「私の主張が通ったと考えるので、時局重大の折からこの際、内閣に動揺を与えるのは私の本意ではないので辞表を提出した。しかし、これは売られた喧嘩で、結果において私は負けたとは思っていない。大西郷が城山で討ち死にした気持ちで辞表を出した」と語り、検察を去った。

入れ替わり岸本が、広島高検検事長から次長検事に着任した。このとき東京地検次席から直接に検事正に異例の昇格を果たしていた馬場は、側近の要請にもかかわらず、宿敵である岸本を東京駅に出迎えるのを頑なに拒んだという。だが一応、事態は決着したかのようにみえた。

木内騒動の決着後、大橋法務総裁は、「この次は馬場の番だ。検察庁に目玉が二つある。第一の目玉は抜いたから、第二の目玉は馬場だ」と語ったといわれている。この話を馬場が聞き逃すはずはなかった。

木内辞職の余韻がさめやらぬ同一〇月二五日、大橋総裁は、自らが顧問を務める足利工業の二重煙突事件に関し、馬場検事正から一〇項目の質問書を突きつけられた。質問書は、参院決算委員会が検察庁に提出した職権調査の要望書を受けたものだった。

事件は、四八年に特別調達庁が足利工業に五万フィートの二重煙突を発注したが、同社は未納なのに完納したかのように偽り代金約四千万円を受け取ったという容疑で、東京地検で取調べ中であった。大橋の疑惑は、同社から受け取った顧問料三〇万円の所得税法違反、過払い金返済の一部に充てるため同社から依頼された自動車売却代金の横領などの容疑である。

参院決算委は、一〇月三〇日、馬場検事正を参考人として招致した。委員会に出席した馬場は、大橋の取調べが遅れているのではとの質問に、「詐欺の点について大橋氏は証拠上は関係ないが、横領・所得税法違反については疑いがあるともないとも言えない」と爆弾証言した。

さらに「決して特に法務総裁であるから取調べの矛先を鈍らせたという趣旨ではない。場合によっては直接お尋ねし、必要があれば十分納得のいくまで取り調べる」と答え、質問書で大橋に回答を求めていることを明らかにした。大橋の疑惑について「捜査上の秘密」を超えて異例の詳細な証言をしたことから、馬場は木内追放への恨みを晴らしたといわれた。

その後、大橋は不起訴となったが失脚し、ようやく一件落着した。木内騒動は、政治権力と検察権力の確執、検察部内の権力抗争のすさまじさを世に露呈することになった。

後に佐藤藤佐は、「木内君を追い払った大橋氏を傷つけるためにやったととられたかも知れない」と述べ、馬場の復讐ともとれる二重煙突事件を不愉快そうに話したという。

吉田首相と検察との間に軋轢を生じた木内騒動は、三年後に起きる指揮権発動の伏線をなしている。再軍備に経済復興を優先した「ワンマン宰相」の吉田首相は、共産主義に対する治安対策として、強引な検察人事を計画した。法務・検察は、人事秩序を乱す奸計として、内閣に異議を唱えたのである。これが後に両者間の深刻な衝突と対立を招くことになる。

木内騒動は、さらに岸本・馬場両派の抗争に油を注ぐことになった。木内が検察を去ったことで、裁判官の佐藤検事総長や中大教授出身の花井東京高検検事長ら外様を除き、岸本と馬場が直接に対峙することになる。

花井が国家公安委員長から東京の検事長に就いた五三年一月には、公職追放されていた思想検事の井本台吉が、最高検検事に復職した。やがて岸本を制し、馬場が次第に優位に立つ。この脈絡の中で指揮権発動はもう一度考え直されなければならない。

V　吉田政権の崩壊

一　検察との交渉

浮沈の瀬戸際

造船疑獄と指揮権発動を、当時の保守政界はどう受け止めていたのだろう。検察捜査が内閣の命運、政党の生殺与奪の権限を握るという緊急事態を招来した。この保守体制の危機意識から指揮権発動が生まれる。

佐藤栄作の実兄・岸信介は、指揮権発動について、「事態は一内閣の命運の域を超え、日本の保守勢力すべてが浮沈の瀬戸際に立たされた。このとき吉田首相は、指揮権発動という非常措置で破局を回避した」と、回顧している。

時代は占領政治から本格的に脱却し始め、政界も保守合同へ向け大きなうねりをみせる。吉田茂と鳩山一郎の保守再編と政権争奪をめぐる角逐も激化の一途をたどっていた。

五四年は、講和条約発効後二年目の年に当たる。前年の分自党の多数復帰により、ほぼ衆院の過半数を確保した自由党はいわば小康状態にあった。米国から軍事的・経済的援助を引き出そうという吉田内閣にとって、そのための緊縮財政による経済自立と防衛体制の拡充がこの年の最大の課題となっていた。

鳩山の復帰によっても政局の安定多数を得られない与党自由党は、さらに新たな多数派工作を迫られた。緒方構想に基づく自由・改進両党による保守新党結成を提案するが、失敗に終わる。新年度予算は衆院で修正可決されるが、参院では議決されず、新憲法下初の自然成立となった。吉田政権はすでに求心力を失っていた。

吉田首相は五四年正月九日、首相官邸で新年の記者会見をし、「政治というものは汽車が出発するようにはいかない。生きた政治というものは予定などつかないものだ」と、暗示的な所信を述べた。

吉田は後に、この造船疑獄について、「この事件は私の政治生命を通じて最も遺憾に堪えぬ出来事の一つである」と悔やみ、次のように回想している。

造船利子補給制度そのものは、戦争で壊滅した日本商船隊の再建を促進し、国際収支の改善に貢献する適切な措置であった。当時の海運市況の実情からみても、緊急やむを得ない国策的立法と強調している。そして、「この点については誰も異論はあるまい。然るに、その後行われた海運業者からの政治献金がこの立法と結びつけられ、贈収賄の容疑の下に疑獄がおこり、自由党の佐藤幹事長もこれに巻き込まれた」と釈明した。

GHQは、占領直後、残存する全商船をその管理下に置くとともに、日本政府に対し、戦時補償をはじめ、従来の海運・造船業への保護助成策を打ち切るように指示した。

造船疑獄の要因は、海運・造船業が敗戦日本の国策として日本経済再建の担い手とされたことに帰着する。日本商船隊の再建とそれによる国際収支の改善は喫緊の課題となり、日本経済を再建するには輸出拡大が重要と位置づけられた。原料を海外から買い入れて加工し海外市場に輸出する以外にない日本としては、商船隊の再建を優先した。だが戦争によって海運は壊滅状態にあった。そこで政府は、船舶確保が早急に必要として、造船会社の新船建造を手厚く保護助成したのである。

国政上の障害

こうした海運業者に大きな恩恵を与える海運助成法は、「政界と業界の腐れ縁の上に成立した法案」と世論の批判を受けた。船主協会と造船工業会は、海運助成法成立を積極的に働きかけ、改進・自由両党を中心に多額の政治献金をした。しかもこれに要した運動費は国民の税金である財政資金からのリベートで賄われていた。

吉田は憤慨して、「私はこの事件の全体については未だによく知らない。しかし、私が佐藤幹事長の関係で知り得た限りでは、政治資金規正法違反の点はともかくも、逮捕収監が必要だとする検察当局の説明には、何とも承服できなかった。（中略）また当時献金をしたものも、海運業者のみではない。財界の責任ある人達の斡旋で広く一般業界に割当てられ、海運関係はその一部に外ならない。然るにそれが前国会における利子補給法と結びつけられて収賄と見なされ、献金収受の責任者たる党の幹事長が逮捕されるというのである。私は先ずその道理が納得できなかった」と、述べている。

佐藤栄作らの政治資金規正法違反事件の公判廷では、五三年四月の総選挙資金として約二億円を調達するため、有力経済団体への要請が明らかにされている。党運営のための資金調達を任された幹事長が逮捕されては、政党活動は息の根を止められてしまう。まして政権与党の金庫にまで首を突っ込もうとする検察とは何者であるのか。

「収賄の容疑で逮捕するというからには、請託を受けたとか、謝礼であったとかの供述を得ようとしたものと察せられる。それ以外には身柄を拘束する理由は認められない。そもそも捜査は客観的な証拠の蒐集に重きを置くべきである。然るに江戸伝馬町以来の自白尊重の旧慣を脱し切らぬ思想が、未だに残存するものか、とかく監禁拷問の処置に出て、遂に基本人権の軽視侵害となる事例をよく耳にする。幹事長逮捕の要請を受けた私は、いきなりそうした疑念を持ったのである」

造船疑獄では、新刑事訴訟法に制約され、昭電事件とは比較にならない困難さがあった。任意出頭は前例のない数に達し、中心人物とみられた飯野海運の俣野社長は特別背任と贈賄容疑で計三回も逮捕された。さらに七十数人の逮捕者のうち五〇人近くが処分保留で釈放されるなど、人権無視との捜査批判も出た。

戦前に駐英大使の経験のある吉田は、同国で起きたスパイ事件を例に引き、客観証拠を重視する英捜査当局の姿勢を日本も参考にすべきと苦言を呈する。そして検察の捜査手法を旧態依然と手厳しく非難している。

「幹事長問題の起こった当時は、国会の議事が最も重大な時期でもあった。逮捕が仮にやむを得ないとしても、国政上の重大な障害を冒してまで急ぐ理由は認められなかった。そこで私は、緒方副総理の進言もあって、犬養法務大臣をして、その職権によって、国会の会期満了まで逮捕を延期すべき旨を検事総長に指示せしめた」

この時期は、新年度予算案をはじめ、防衛二法案、MSA関係四協定、MSA秘密保護法案など重要法案の審議が山積していた。

吉田は、「緒方副総理の進言」もあり、指揮権を発動したと明言している。もっとも吉田回想録の書かれる前年五六年一月、緒方は急逝している。

緒方と佐藤

その緒方竹虎、佐藤栄作の各日記を照合すると、造船疑獄についての意外な事実が浮かび上がってくる。九八年公刊された『佐藤栄作日記』を基に、緒方については『評伝緒方竹虎』（三好徹著）に収録された緒方日記と照合しながら、指揮権発動のナゾを追究してみよう。

緒方竹虎（一八八八―一九五六）は、朝日新聞の主筆、副社長などを務めた。二・二六事件では、朝日襲撃の青年将校を相手に事態を収拾した。小磯内閣の国務相兼情報局総裁、東久邇内閣の国務相兼内閣書記官長兼情報局総裁を歴任した。戦犯容疑者として公職追放となり、追放解除後、五二年に自由党から衆院議員に当選する。第四、五次吉田内閣の国務相兼内閣官房長官、副総理に就任した。

また佐藤栄作（一九〇一―七五）は、運輸事務次官を辞職後、四八年一〇月に第二次吉田内閣の官房長官に無議席のまま抜擢された。翌年一月に衆院議員に初当選し、民自党政調会長、五〇年四月に自由党幹事長に就任した。五一年七月、第三次吉田第二次改造で郵政相兼電気通信相として初入閣し、翌年一〇月の第四次吉田内閣では建設相兼北海道開発庁長官に就任する。五三年一月、自由党幹事長に再び就いた。

造船疑獄の五四年正月元日、佐藤栄作は新しい年の抱負を書いている。

「日記を誌す決心をした時はいつも、之が自分の人生史であり、子孫へ残すよき年であるべく努力をする事を誓ふのであるが、兎角それがいつのまにか中絶して了ふ。然し顧みれば小生も愈々五十四の春を迎へたので、これからは今迄の様な訳にはゆかぬ。殊に自由党幹事長としても、少しは後の想出になる様な日記にして見度いものだ。党史の一頁と迄はゆかなくとも、総理を中心にして後々批判をうける様な、或は又国家の為の歴史の一こまでもありたい。今年は独立後第四年目の春でもある。内外の状勢も何だか一大変化が望まれる様だ。力強く国を推進する年であり度いものだ」

日記からは、吉田側近として、党務を任された佐藤の気負いが感じられる。「後々批判をうける様な」とは、「批判に堪えるような」の意味のようだが、まさに文字どおり「批判を受けるような」ことに遭遇するわけである。

特捜部は正月七日、造船疑獄の捜査に着手した。横田山下汽船社長らを逮捕し、さらに壺井運輸省官房長が逮捕され、政界への波及は必至となった。佐藤も次第に対岸の火事を決め込むわけにはいかなくなってくる。

緒方副総理は早くも一月一二日、日記に田中伊三次ら三人の議員が来て、「山下汽船の問題」を話し合ったことを記している。そして二一日には、「佐藤幹事長より山下汽船問題につき報告あり」、また二三日、二七日にも、田中らがまたやって来て、「山下汽船事件、党に及ぶと決る」と記す。

一月二六日には、造船疑獄についての佐藤の最初の記述がある。

「総務会終了後首藤君から改進党分離組の動向を徴し、更に池田（勇人）、橋本（龍伍）、菅家（嘉六）君等と近時の造船問題の報告交換を為す。仲々の難問題にして之が取り扱ひは誠にむつかしい。政界の為且又国際信用の点からしても且又内政の面からしても、心から発展しない事を祈念する。

（中略）記者諸君から伊藤斗福の逮捕の話をきく。之も亦政界の大問題である」

同日、保全経済会事件で、伊藤斗福が外為法違反と詐欺の容疑で逮捕され、右派社会党で同会顧問の平野力三と改進党の早稲田柳右ェ門の各衆院議員宅にも捜索が入った。造船、保全と二つの大事件が重なり、国会審議は停滞し、保守協調の機運は高まった。

だが佐藤の認識は甘かったようだ。「私は、事の重大さを感じて佐藤幹事長に『これは拡大するよ』と忠告したが、佐藤は『たいしたことはないですよ』と、取り合わなかった」と、岸は回想している。

緒方は一月二八日、「犬養法相を検事総長に向けるべきのところ、行方不明（演舞場にて踊見物していたる由）」、二九日「衆議院開会前、吉田総理、犬養法相と船舶問題につき協議」と記した。

秘密会談

さらに緒方は一月三〇日、「馬場検事正よりの申出にて佐藤検事総長、吉田総理会見の希望あり。事件思わざる発展のため予め判断を求めたしとのことの如し。午後衆議院本会議後、六時半目黒官邸訪問、検事総長同席、大体の見通しを聞く」と、極めて重要な記述を残している。

同夕、吉田首相・緒方副総理と佐藤検事総長・馬場検事正の四者による秘密会談がもたれた。この後の二月四日と同八日にも、緒方と馬場は会談を重ねている。強制捜査着手から一ヵ月も経たないうち、政府と検察両首脳間で、現在では考えられない秘密会談がもたれていた。

佐藤日記にそれらしい記載は一切なく、当の佐藤は外されていたようでもある。疑獄捜査の渦中、この政府と検察首脳による秘密会談は一体何を意味するのだろうか。

保全経済会事件では、二月一日に衆院行政監察特別委員会において、平野力三が出席し証人喚問が行われた。佐藤は平野証言に憤慨する。

「行監にて保全経済会証人喚問。平野君の証言は果然問題を引きおこし、伊藤から三千万の金が広川（弘禅）に渡り、此の間の事情は池田、佐藤了承の上と云ふ。事実無根な問題を単にかゝる噂ありとして委員会にて証言する政治家も政治家なら、これをそのまゝにきゝおく委員の不甲斐なさに驚きあきれる。夜は各社から此の問題をきかれ詳細に説おく」

平野は行監委の証人喚問で、伊藤斗福が同会の立法化問題に関する国会筋への働きかけとして、自由、改進両党及び鳩山派、広川らに計六千万円の寄金をしたと爆弾証言した。また池田、佐藤邸を訪問したと伊藤から直接聞いたと証言した。二人とも疑惑を直ぐに否定する。

造船疑獄に保全経済会事件と、政界絡みの事件が相次いで明るみに出たこともあり、少数与党である吉田内閣の与野党折衝、議会運営も思うようにはいかなくなっていた。吉田首相の意を受けた佐藤の工作で前年に鳩山派を分裂させた後の吉田の戦略は、自由党と改進党との保守合同による政局の安定であった。

佐藤は二月一五日、「午後に至りて有田（二郎）の身辺危しとの事。大野（伴睦）、犬養、緒方氏等と対策を協議するも、犬養頼りにならず」と記す。佐藤幹事長配下の有田副幹事長の逮捕許諾問題が起こり、緒方副総理、長老の大野国務相をまじえ、犬養法相と協議する。だが佐藤は犬養に不信感を抱いている。

一九日に衆院決算委員会で、森脇証言が行われ、翌日に衆院法務委員会で右派社会党の佐竹晴記が「森脇メモ」を公表した。赤坂料亭での政界と海運・造船業界幹部との会合が日付入りで暴露された。

緒方は翌二〇日、「朝、大磯に吉田首相訪問。一、検察との交渉、二、政局の見通し並びに局面打開工策、三、白井勇君入党の件、四、党の結束について懇談」と記している。検察との協議ではなく、「検察との交渉」と書かれているところが興味深い。

有田の逮捕許諾、新年度予算案、重要法案の審議促進など、佐藤幹事長は議会工作を展開する。改進党分離組の取り込みを図り、松村幹事長と会談した。

しかし、改進党の若手議員の中曽根康弘が、二月二二日の衆院予算委員会で、「有田氏が名村造船からもらった二五〇〇万円のうち、五〇〇万円は壺井氏に、あとの二〇〇〇万円は一〇〇〇万円ずつ石井光次郎運輸相、大野国務相に渡された疑惑がある」と追及した。両大臣は予算委で疑惑を全面否定する。

これでせっかくの佐藤・松村会談もご破算になってしまう。佐藤は吉田のもとに行き指示を受けるが、「首相は従前通り強き意見にて、場合によりては改進党を割るも亦止むなしとの事なり」(同二四日)と強硬論を述べる。

二月二三日、衆院は、有田二郎・衆院議員の期限付きの逮捕許諾請求を認めた。検察の捜査の手はいよいよ政界に迫って来た。

同二五日には飯野海運など八社への一斉捜索が入った。「本朝飯野初め数社の捜索行はる。此の際此の種の問題の発展には困りものなり。然しこれが最終的段階とも考へられる」と、佐藤はまたもや甘い情勢判断をみせる。二月二八日には、ついに池田政調会長が特捜部の事情聴取を受けた。

事漸く重大なり

三月三日には、佐藤は「有田問題予期に反して準抗告却下され、検察当局亦硬化し、明日出所は見込みなしとなる。七時院内にて緒方、犬養、福永（健司）、菅家の諸君と会して対策を考究せるも、勿論対策なし。只犬養君に最後迄全力を尽して検察当局を説得され度しと談じ、八時帰宅」と記し、事態はますます深刻となる。

この夜、清原法務事務次官と井本刑事局長が、芝二本榎の公邸に緒方副総理を秘密裏に訪ね、明け方近くまで極めて重要な協議をしている。この協議については後に詳述する。

佐藤は、翌四日には「有田問題検察当局強硬にして遂に期待に反す。党内反犬養熱相当なるも小生取り合はず、此の上は一切おかまいなしとして頬かむりの積り。党内も妙案なき故泣き寝入りか」と、有田問題での検察の強硬と犬養法相の優柔不断に不満を示している。

三派共同修正はあったが、同日に新年度予算案は衆院本会議を通過し、吉田首相も久々に愁眉を開いた。他方、特捜部の捜査は着実に迫ってくる。佐藤は記す。

「三月十日　水　松野（頼三）君地検に任意出頭、その経過をきく。更に犬養君につき小生の件は此の際なら政界に与ふる影響大につき、今暫らく時を借（貸）せられ度しと申し入れするも、犬養君の意向は誠に頼りなき感なり」

「三月十一日　木　飯野保野社長、六岡（周三・播磨造船所）社長等逮捕さる。疑獄も最後の段階の感なり」

船主協会の実権を握る俣野の逮捕は政界に大きな衝撃を与えた。俣野は、吉田首相をはじめ、松野、佐藤ら政界ともつながりが深く、ついに事件は保守政界全体に及ぶ様相をみせた。

佐藤は「小生の件」に嫌疑がかけられていることを知り、何とか時間かせぎしようとするがうまくいかない。犬養法相は疑獄捜査の楽観論を伝えていたようだが、大誤算となる。犬養は検察情報を十分に把握していない。佐藤は犬養不信をさらに募らせる。

「三月十二日　金　午前首相目黒公邸へ来る様との事にて伺ふ。飯野その他の疑獄につきての一般模様につき報告を徴せらる。麻生（太賀吉）君も来たり加はる」

佐藤の主要な関心は、与党幹事長として、教育二法案、防衛二法案などの重要法案の成立、大達茂雄文相不信任案の処理などにあった。中曽根懲罰動議の撤回で改進党との妥協がなり、教育二法案は、左右両派社会党などが反対する中、ようやく三月二六日に衆院文部委員会を通過する。

緒方は三月一二日、改進党の妥協がみえてきたため、重光総裁と会談した。同二八日、緒方は大磯に吉田首相を訪ねた後、突然に解党と総裁公選を原則に「保守新党結成」で意見が一致したと発表した。政府首脳が正式表明したのは初めてだっただけに、政界は大騒ぎとなった。

佐藤はまたこの緒方構想をめぐり東奔西走することになる。ＭＳＡ関係四協定の承認は、三月三一日に保守三党の賛成多数で衆院本会議を通過する。

「四月五日　月　犬養法相、岡田、関谷両（君）の逮捕許諾請求の件を連絡し来る。小生大いに不満の意を伝へる。犬養君あはてたる如きも手の施す術なく、副総理を介して正式に諒解を求め来る。院内にて緒方氏に連絡して、合同劇のすゝめ方を相談す」

造船疑獄をめぐり政界はにわかに緊迫の度を深めていく。このため重光改進党総裁は、自由党の合同工作を批判し、責任政治の確立の伴わない合同は意味がないと、吉田内閣の退陣を要求した。改進党内には吉田内閣を見限る空気が拡がり、自由党内も次第に吉田首相タナ上げ論が強まっていった。

いよいよ特捜部の捜査は自由党本部に及び、四月一〇日に会計責任者の橋本が逮捕された。翌一一日、犬養法相は緒方に電話し、特捜部の捜査が急迫していることを知らせる。しかし、緒方は、犬養に不満気で、「己を以て人を忖度する徒輩は仕様のなきものなり。正に小人、事を誤るものなり」と批判している。

同日、佐藤は益谷秀次・総務会長らと首相を訪問する。吉田側近の御三家のひとり益谷は、戦前の司法官、弁護士も経験している。

「然し首相は、改進党何等変化なく、否党議決定の線を堅持し居る現状にて、当方から話しかける事は自由党の面目を失う故、尚事態を見きわめるに如かずとして静観の域を出でず。重ねて速決を進言せる処、松野（鶴平）はどんな考へだらうとの事。外遊の件、党会計橋本逮捕の件等を雑談し別れる。而して橋本逮捕の件につきては、首相も重大決意をせるものの如く、犬養を叱咤する言あり。（中略）小玉君（弁護士）、橋本君と面会の結果をもたらす。事漸く重大なり」と、佐藤は書いている。

二 「爛頭の急務」

佐藤取調べ

情勢は一気に重大な局面を迎える。四月一二日には、吉田、緒方、吉田の顧問格の松野鶴平、御三家の林譲治、それに佐藤、池田が会合し、改進党に正式に合同を申し入れることに決定した。その際、国民に対する声明を緒方が書くことになった。

同日、橋本に続いて自由党本部事務長が地検の参考人聴取を受けた。佐藤は、毎日新聞の取材に、五三年秋に船主協会から一千万円を受け取った事実を認めた。「その際、領収書も書き、正式に届けたつもりだったが、その手続がしてなかったとみえ、それが問題になっているようだ」と語った。

佐藤は保守合同問題と橋本対策で多忙を極めた。緒方は自ら、「時局を案ずるに、政局の安定は現下爛頭（らんとう）の急務であって、内外庶政の刷新も、自立経済の達成も、国民生活の充実も、これなくしては到底考えられない」との自由党声明を書いた。「焦眉の急」ならぬ頭が焼けただれるという意味の「爛頭の急務」は、一時はやり言葉となる。

この声明を受け、一三日に改進、日自両党に保守新党の結成を正式に提案した。そのための佐藤自由・松村改進両党幹事長会談が開かれ、佐藤は「解党、新党結成、党首公選」の三原則を申し入れた。あたかも疑獄隠しと内閣延命策の感が強い。

これに対し改進党が「新党結成前に吉田内閣が総辞職するのが先決問題」と応じたため、何の進展もなく終わった。改進党は、汚職事件捜査の成り行きを静観しようという構えに出たためだ。このため吉田も、政権延命策とられるのを嫌い、「保守新党問題は慎重に」と福永官房長官と佐藤幹事長に指示する。

佐藤は、まさにその夕刻、河井検事から任意出頭を命ぜられた。「明日十時過ぎ検事正官舎に出かける予定」となる。

「四月十三日　火　十時河井検事のもとへ赴かんとせるに、住宅の回りに新聞社の自動車あり、遂に十二時をすぐるも行けず」

「四月十四日　水　新聞社の諸君が囲をといたのが十二時半。それから検事正官舎に出かけ河井検事の取調べを受く。

本籍、経歴、家族調べ等形の如き訊問の後、取引銀行、財産調べ。更に党組織、幹事長の仕事、党議決定方式、議員の職責、党資金特に参与費と政治寄附との関係、寄附金の取扱方、（欄外に「海運助成法案制定当時の模様」）、俣野、一井、横田、丹羽、神田、渡辺、浅尾、土光等との関係。次に此等の諸君との金銭授受。特に俣野君から貰った昨年秋の二〇〇万円の受領当時の模様につきては、俣野君から政治資金に困るだろう、此処に二〇〇万円あるので御使い下さいと云ふので、謝礼をのべてもち帰った、又党寄附の船主協会並に造船工業会のものは単純な政治資金寄附で法案とは関係なしと明記さる。然し選挙当時の幹事長借入れ八〇〇〇万円の内訳並に此が返済資金の内容は一切口外せぬと述べた。理由は困る人が出来るからとの事。而して河井君は、之は具体的に説明された方がよいとの事であったが、小生は申す考へなしと断る。然し再三考へなほしては如何かと云ふ。尚地下鉄関係につきても丸山（武治）君から少額の寄附ありたりと云ふので、適当に記載する。後調書を作ったが、朝六時をすぎる。帰宅すれば新聞記者見張り中につき、一旦玉林に出かけ九時帰宅。記者に発見され、夕刊は大々的に記載す。波紋大なり」

佐藤は前年夏に港区三田から世田谷区北沢二丁目に引っ越しており、当時同区野沢にあった検事正官舎はすぐ近くにあった。「玉林」とは佐藤が定宿のようにしていた赤坂の料亭である。記者に見つかった佐藤は、「まな板に乗った鯉だよ」と、後藤田に言ったのと同じ台詞を繰り返した。

容疑は、俣野からの二〇〇万円、船主協会・造船工業会からの献金、幹事長借入れの八千万円の三つの線である。このうち俣野からの二〇〇万円が受託収賄、船主協会からの一千万円が第三者収賄の容疑を受けた。これは逮捕処分請訓にみた容疑事実でもある。また八千万円の借入れ金については、自由党の選挙資金ということだが、海運助成法の成立時期に重なるため嫌疑を受けた。

「困る人」とは政調会長の池田を指した。後に佐藤は、「疑獄の火をかぶらんように何とか池田君をかばってやっていた。ところがふと見たら、後ろには誰もいないので、僕の背中がぼうぼう燃えているんだよね」と語ったという。

改造か総辞職か

事態の深刻化に佐藤は次のように記す。

「四月十五日　木　朝刊も亦賑やかにして、土曜日に最終決定をするとの報しきり故、当方亦之が対策をたてる。即ち院にて益谷、緒方、池田、麻生、福永君等との会見により、政府としての意向を検察当局へ伝へるべき段階なりと信ず。緒方副総理亦その意を決せるものの如し。然し、当方不安に付、麻生君を介し大磯に連絡し、首相から更めて緒方氏へ善処方を命令する様手配す」
「四月十七日 土 高橋（英吉）君（弁護士）を煩はし地検に馬場検事正を訪問し上申書を手交す。その結果本日夕九時池袋にて河井君の取調をうける事となる。

院内にて緒方、益谷、池田君等と会し、福永君を大磯に派す事とした。逮捕要求された時の処置方針としての改造問題なり。此の際犬養を整理して法曹界から大臣を登用し、建設大臣の後任のみを決定すべしとの小生共の案に対し、大巾改造の論もあり、更に緒方氏一派の総辞職論あり。小生は何処までも一部最少限に止めるべきが此の際必要なりと強く主張す。

夕刻松阪（広政）弁護士に会い、河井君の取調を受く。好意ある訊問の如きも、結局要領を得ず。余は内意を忖度して上申書を更に提出する事とした。今回は新聞をまくに至極上手際」

同一七日昼、ちょうど最高検で検察首脳会議が開かれているころ、緒方副総理は院内大臣室で、福永官房長官、佐藤幹事長ら党三役と汚職問題について鳩首協議した。同夕には、緒方は犬養法相を呼びつけ、検察首脳会議の模様を聴いている。大磯に引きこもり勝ちの吉田に代わって、緒方が内閣を取り仕切っていた。

その直後、緒方は「党の重要幹部に逮捕許諾請求があったときは、閣僚に請求があったと同様に考えてすっきりした態度をとる」と言明する。吉田側近派の求める内閣改造ではなく、緒方は内閣総辞職を主張した。自由党幹事会でも総辞職論がほとんどを占めたが、これには検察捜査に対する牽制の意味もあった。新聞各社の社会部記者は、佐藤逮捕は必至とみて、号外のゲラ刷りを用意した。

同夕、大磯を訪ねた福永に、吉田は、「簡単に政権を投げ出すことは国のためにならぬ」と反発し、総辞職はとらない意向を明確にした。緒方と反緒方の吉田側近派との間には意見に齟齬を来しており、緒方がかなり悲観的な情報を首相に上げたのに、側近派は楽観的見方を伝えていた。吉田は正確な情報を把握することができないでいたようだ。

その翌日の一八日日曜日、犬養は密かに緒方邸を訪ね、辞表を提出した。これは吉田が命じた指権発動はできないとの意思表示であった。犬養は、政府・与党と法務・検察の板挟みになり、何とも優柔不断な態度をみせた。佐藤は日記に記す。

「四月十八日　日　上手に新聞をまいたと思ったに、今朝の新聞は一斉に再度の取調を報ず。何処か（検察＝原注）で洩れるものらしい。

朝来福井（盛太）、牧野（良三）、高橋、松山（義雄）、大竹（武七郎）、松阪、迫水（久常）君等を交へて上申書を起草す。出来必ずしも上出来ならざるも、今迄の不足を補ふにたると思ふ。（中略）田淵、三和両君見舞旁々犬養を攻撃す。南、西郷隆秀、橋本龍伍見舞。田中伊（三次）再三再四連絡し来たりて、犬養の辞意表明を報告し来る。緒方君尚秘し、小生につげず。松野老も口を緘す。松野氏、緒方両氏の行動解し難し。麻生、池田、福永三君へは犬養問題を秘す。何れ明日首相上京後の問題なり。

昨日林、益谷、福永会談行はれたる如きも、益谷老酒の勢の為の如く問題なし。福永君の大磯からの帰東談は予想の通り首相の大強気なり」

地検への上申書起草に際し、佐藤は、元検事総長の松阪（元司法相）、福井をはじめ、飯野海運担当弁護士の大竹、それに弁護士出身議員らを集め対応策を協議をした。元大審院検事でもある大竹は、第三者収賄罪を新設した四一年の刑法一部改正の担当者である。

犬養の辞意表明については、吉田、緒方、松野あたりで極秘裏に扱われ、知らされていない佐藤は、不信感を募らせた。吉田、緒方らと法務・検察首脳部との間の駆け引きも水面下で進行している。

親父のツメのあか

緒方は一九日朝、自分が法相を兼務することも考慮し、松野と相談のうえ大磯に連絡する。緒方は記す。

「大磯への電話の結果、首相急遽上京、松野君と同席協議の結果、この場合は犬養法相を押通すことに決定、犬養法相を招き入れてその旨を伝達す。頗る難問題にて結果も危ぶまるるも兎も（角）これにて一度試みざるべからず。夜、犬養法相来訪。見込五分々々というところなり」

吉田首相は予定を早めて大磯から上京し、検察首脳会議と同じころ、緒方副総理、犬養法相と三者会談をする。

指揮権発動はできないからと辞意を表明した犬養法相を慰留した。もう少し引き延ばして、検察側との最後の切り札として使う算段である。「親父（犬養毅）のツメのあかでも煎じて飲みたまえ」と、吉田は犬養を叱咤した。会談後の緒方は、「検察庁の会議はきょう結論を出さないのではないか」と述べ、検察首脳会談の成り行きを予見している。

佐藤検事総長が犬養法相に逮捕請求許可の指揮を仰いだ一九日、佐藤栄作はこう記した。

「昨日午後から夕刻にかけての考察の結果を上申書として、馬場検事正の処へ大津（秘書）を使に出す。然して午前中は接客に多忙。（中略）首相十時半公邸に入り緒方、松野氏と会談す。昨日両氏と打ち合わせせし通りに運ぶ事と確信せるに、三時半首相を訪問せし処は、以（意）外にも犬養が法相専任、小坂（善太郎）を警察担当にきめるとの事故、余は断固反対して、此の際犬養を拭（馘）首すべしと論ず。殊にすでに辞表を副総理迄提出しおる際留任さす事の不可を、その人格からして縷々説明す。然し結局は老首相の胸中も察し、遂に此の案を呑む。然し必ずや臍をかむ事あり。よって犬養につきては、明一日だけその成果を見て決する事にし度しとのべ、辞去後緒方氏に詳細報告する」

犬養の進退について、兼務の国警担当を外して法相に専任させようとする吉田や緒方らと、更迭論の佐藤の意見が対立する。佐藤は、首相の胸中を察し、何とか矛を収める。このころ検察側は、指揮権発動の代償として犬養の首を密かに要求していた。しかし、吉田、緒方らは、そうやすやすと大臣の首を差し出すわけにはいかない。佐藤はこの虚々実々の交渉を知らされていないようである。

指揮権発動の前日の二〇日、佐藤は、登院するが新聞各社のカメラに包囲され、ほうほうの体で逃げる。首相にも会えずに、午後三時に目黒の公邸を訪問した。会談後、緒方を訪れ報告しようとすると、先客に犬養がいる。

「……会談後緒方氏に報告せんとせし処、犬養と会談中。尚決せざる様子。誠に以外故、犬養退席後更めてその人となりを説き、此の際初志通り断乎一刻も早く命令を出す事を進言する。緒方氏もその積りの様子につき、余安心して辞せし処、八時半すぎから十一時迄かゝって漸く最終的判断を見る。誠に優柔不断、残念至極。その為十時半来松野、首相等を煩はす」

追い込まれた佐藤は犬養法相の更迭と新法相による指揮権発動を強く求め、緒方が嫌がる犬養を説き伏せて、やっと指揮権発動に至った経緯が読み取れる。

松野頼三は、父親・鶴平から聞いた話として、次のように事情を語っている。

「指揮権発動を決めて最後に犬養を呼んだら、犬養は青ざめて『それはできない』と断った。そこで吉田さんと二人で『君が選ぶ道は二つ。指揮権発動して大臣を辞めるか、しないで辞めるか。しないで辞めるなら、お父さんの犬養木堂（毅）の名を汚すぞ』と迫った。二、三日後、犬養は『やります』と言ってきた」

ようやく夜になって指揮権発動が最終決定した。緒方は二〇日、「『幹事長』逮捕問題にて半日ゴタゴタす」と記している。

法相退官を条件

佐藤は翌二一日、「朝刊各紙とも大々的に犬養指令を報ず。賛否両論の様子にて、反響は明日以後と思はれる。（中略）犬養君二時過ぎ辞表を緒方氏に提出。首相は一応慰留して回答を明朝となし、犬養にその旨伝へる」と書いている。

同日、緒方を訪ねた犬養の姿が何人かの政治記者に目撃された。その際、「きみは国務大臣であろうが」と強い語気で犬養の不甲斐なさを叱責する緒方の声が聞こえた。犬養は悄然として去っていったという。そして翌日に犬養は辞任し、後任は急きょ加藤国務相となる。大達文相の兼任を決定寸前に保利農相に変え、最終的に加藤に決まった。

緒方は二一日、「検察庁法第十四条発動、相当のショックを与えたるようなり。検察側も大体事なきようなるも、犬養法務大臣の退官を条件（と）するが如し。急に検察庁に圧迫を加えたるに対しての不満のようなり」と記している。

指揮権発動と犬養法相の辞任が取り引きされたことがうかがえる。吉田、緒方らの考えは、講和後の復興の大計である日米安保・ＭＳＡ再軍備体制を構築するためには、指揮権発動の非常措置もやむを得ない。幹事長の役職にあるということで逮捕されたり、また検察の意向次第で内閣の運命や政局が左右されたりするという事態は避けなければならない。昭電の芦田内閣の轍は踏まないという強い決意だった。

指揮権発動の三日後、緒方副総理は衆院法務委員会に出席し、「もしうわさされるような事態が発生いたしますると、実際において国政の運営に非常な支障を来す」と述べ、与党幹事長の「位置」は極めて重要と釈明する。

「犬養法相の独自の判断に基づきまして、これは検察庁もまた行政部の一部であり、捜査の上に当然に政治的の配慮というものは加えるべきことではないか。それに政治的の考慮を加えるのは、すなわち内閣の一員である法務大臣の政治的配慮から、異例ではありまするが、指揮権を発動しまして、今日国際的にも国家的にも非常に重要な諸法案、しかもこの時期にぜひとも政府が国会を通過させたいと考えております諸法案、それを通過成立させたいという絶対的な必要から、あの処置に出たもの」と説明している。捜査・処分内容に干渉するのではなく、「重要法案の審議のために一時延期」を申し出たものと強調した。

野党側は四月二三日、参院で「指揮権発動に関し内閣に警告する決議案」を可決し、二四日には左右両派社会党と日自党から吉田内閣不信任案が提出された。だが、不信任案賛成に回った改進党から二十数人の脱落者が出たため否決となった。

新党結成問題をめぐって、自由、改進両党が対立した。自由は公選を主張し、改進は吉田の引退を条件としたためにまとまらなかった。また自由党内でも、吉田内閣の存続を前提とした主流派の新党構想に対し、鳩山、石橋、岸らの反主流派による吉田タナ上げ論など、様々な潮流が出ていた。また主流派内においても、緒方と吉田側近派の池田らとは対立していた。

指揮権発動の後、政治資金規正法違反の立件をめざし、検察は自由党の会計に関心を示す。池袋の豊島区検で同日行われた三回目の取調べは詳細にわたった。

「四月二八日　水　昨日の検察庁対策を進め、且亦会計島倉君のなだめ等をする。本会議なく至極平静なるも、夕五時半から池袋にて河井検事の取調べを受く。相当こまかく長時間に亙り訊問あり。十一時すぎ大野屋に泊す。（中略）

造船関係。報告なき点並に参与費にせし事。

船主関係。蜂龍に於ける三月の会合、その翌々日に於ける小生の招宴の様子、その後海運関係十社からの十万円拠出による百万円の寄附の授受。

中川に於ける七月十日、更につる中に於ける佐々木（三井船舶相談役）、一井君との会食、イラン石油関係につきての百万円、照国海運からの五〇、一〇〇、一〇〇と三回のものの経過、更に俣野君二百万と、郵、商、三井、飯野の四社関係の有無、生保協会、損保協会、石炭協会、森田汽船、銀行協会、水田（楢崎産業海運社長）等につき次々にきかれる。相当細部に入りたる感なり。鈴木味の素（会長）も仝様。

会計が自白せしと云ふ二重帖簿は、当方に全然覚えなし、かゝる帖簿のありし事も知らずと断言しおく」

佐藤の強気は、自由党本部に保管されていた証拠書類が捜査が始まった直後に密かに焼却され、すでに存在しなかったためだった。

この後、佐藤は四回目五月一日、五回目六月一三日と取調べを受け、特捜部の調べはすべて終了した。緒方日記によれば、五月九日夜、緒方は河井と会談した。副総理と地検の一検事が何を話し合ったのかは不明である。

佐藤幹事長は、政治資金規正法違反で起訴されると、その翌日には『週刊朝日』のインタビューに、「武士の向こう傷みたいなものだね」と応じた。汚職の疑いを受けたことには、「自分で悪いことをしたという感じはまったくない。党のために働いたことが責められているだけだから……」とかわした。

さらには「検察は報道によって世論をつくり、それをバックにしてやろうとする」と検察捜査の手法を批判した。「指揮権発動で支障を来したのは、検察内部の問題だ。なぜ断固闘わなかったのか。今ごろになって、検事総長談話を発表するのは、自分の弁護以外何ものでもない。あるいは検察側の材料不足を自ら表明しているのではないか」と気炎を挙げた。

吉田タナ上げ論

指揮権発動後の五月中旬、朝日新聞が世論調査の結果を発表した。吉田内閣の支持率は五三年二月の前回よりも四ポイント減って二三％、逆に不支持は一二ポイント増えて四八％と倍以上に急増した。「汚職」や「教育二法」、「ＭＳＡ問題」などをみて、国民ははっきりと吉田内閣を見放したのである。

吉田内閣の支持率は、講和条約調印直後の五一年九月の五八％を最高に低落に歯止めがかからず、ほぼ年を経るごとに減っていた。国民の間では、「救国の英雄」から「もう代わってもらいたい」との声が多数となっていた。

それを反映して、自由、改進、日自党による保守新党結成については、「賛成」が三六％に対し「反対」が一四％で支持を受けた。しかも、その保守新党の総裁については、「吉田とする」が二〇％に比し、「しない」は倍以上の四二％に達した。「吉田タナ上げ」論が「吉田総裁」論を圧倒し、「保守新党をつくるのはよいが、吉田以外を総裁にする」という意見が多数派であった。つまり「吉田タナ上げ」論は吉田退陣を望む意見を表していた。吉田はますます追い込まれ、孤立化を深めていく。

当時、ＮＨＫラジオの寵児だった風刺コント作家の三木鶏郎は、日曜夜の「ユーモア劇場」で、吉田内閣を舌鋒鋭く批判した。

「スープの作り方を申し上げます。逮捕状をさいの目に切って水に入れ、よーくかき回して、沸騰したところに指揮権を振りかけます。振りかけたら、出汁がらの法務大臣を直ぐはしでつまみ上げ、外にぽいと捨てます」

この「ユーモア劇場」も、政府・自由党の圧力にＮＨＫが抗し切れず、放送打ち切りに追い込まれる。国民の批判はワンマン宰相の吉田に厳しく向い、敗者のはずの検察は「正義の権化」となった。マスコミもこれを煽り、ある種の国民的な熱狂がつくられた。

ＭＳＡ関係四協定は、三月末に衆院を通過後、四月二八日に保守三党の賛成多数で承認された。五月二九日には教育二法とＭＳＡ協定に伴う秘密保護法を、六月二日には防衛二法を、両派社会党などが猛反対する中で、保守三党によりいずれも強行採決し、可決成立した。ＭＳＡ協定や池田・ロバートソン会談による防衛力漸増は政府・自由党の既定方針である。こと防衛問題に関する限り、保守三党にほとんど差異はなく、結束は固かった。

六月三日には警察法案をめぐり国会は大混乱に陥った。衆院での会期延長決議に反対する社会党議員らが議長席や議場入口を選挙して抵抗したため、堤議長の要請で警官隊が初めて院内に導入され、大混乱の中で二日間の会期延長を強行採決する。同五日には両派社会党、日自党、共産党などが欠席のまま、会期の一〇日間再延長を議決した後、同八日に議長職権で参院本会議を開会し強行採決し、警察法が成立した。

六月一五日に第一九国会が閉会すると、佐藤は翌一六日、吉田首相に幹事長の辞表を提出した。国会の混乱や汚職事件で拡がる吉田内閣への不信を背に、吉田首相は欧米への長期外遊へ出かけようとしていた。

このときの心境について、吉田は、「尤も私がこゝに遺憾とする点は、必ずしも右のような検察当局との応酬にあるのではない。真に問題とすべきは、徒に政権欲に駆られ、ひたすら私を政治的に傷つけようとする野心から、恐らくすべての事情を承知の上で、誇張歪曲してこれを利用した一部政治家の態度である」と回想している。

造船疑獄で動いたカネについては諸説がある。吉田首相の女婿・麻生太賀吉の経営する麻生鉱業から借り入れた選挙資金の返済に充てられた。麻生鉱業は、開発銀行から四十数億円の融資を受けており、その中から自由党へ回されたカネに地検は注目した。佐藤幹事長逮捕から麻生鉱業の強制捜査へと拡がる検察捜査を防ぐのが指揮権発動の真の理由だといわれた。

あるいは鳩山派復党の資金に充てられたと指摘された。松野頼三は、「佐藤さんが海運会社からもらった金は、鳩山さんが新党を旗揚げした時、銀行から借りていた金を肩代わりするためだった。その金を返さないと、保守合同できない。できなかったら、日本に革命政権ができる。政権選択でもあった。吉田さんやおやじが、犬養に指揮権発動を命じたゆえんだ」と語っている。父親・鶴平が吉田の相談役だったことを思えば、カネの使途はそのへんが真相に近いのだろう。

また鳩山はカネを別荘改修に使ったともいわれた。吉田喚問を要求した田中彰治は、「決算委がつかんでいる金額では三六億円は絶対に下らない」と息巻いた。

指揮権発動問題が、新党結成をめぐり、吉田倒閣運動の手段にされた。検察は、この点に細心の注意を払った。だが鳩山、岸ら反吉田勢力にとっては、願ってもない好機到来である。

産みの苦しみ

首相の長期外遊を目前に、外遊後の政局をにらみ、新党問題をめぐる動きがにわかに活発になった。九月一四日、吉田首相と改進党の芦田均が会談し、芦田が吉田に接近した。会談後、芦田は「首相は外遊後に引退するとの印象を受けた」と語り、新党運動に微妙な波紋を投じた。

一方、反吉田勢力は同一九日、自由党の鳩山一郎と改進党の重光総裁が会談し、反吉田・新党結成で一致した。この会談には、自由党の岸信介、石橋湛山、改進党の松村幹事長、日自党の三木武吉・最高顧問が立ち会った。二一日には、岸、石橋、芦田らが、新党結成促進協議会を改称して新党結成準備会を結成し、「新政策・新組織・民主公選による新指導者」の三原則をうたった宣言を発表する。

これに対し、自由党は全員参加で臨み、「反吉田」で進められてきた新党運動を「保守大合同」の名の下に自由党中心に引き戻そうと「なだれ込み戦術」をとる。自由党主流派は、吉田―緒方―池田のラインによる新党結成を目論む。準備会を舞台に、自由党主流、岸・石橋派、改進党主流の三つどもえの新党運動の主導権争いが展開されることになる。

吉田首相は九月二六日、国会の証人喚問要求を振り切るように、欧米七カ国歴訪の長期外遊に出かけた。首相は羽田空港で、「この際私のとくに念頭にたえないのは政局の安定であります」との国民に向けたメッセージを発表した。

この日深夜、台風一五号の暴風雨をついて函館港を出港した青函連絡船「洞爺丸」（約三、八〇〇トン）が座礁転覆し、死者・行方不明者計一、一五五人を出す大惨事が起きた。

造船疑獄を指揮権発動で切り抜けたものの、政局の帰趨はなおみえず、吉田内閣の前途には大きな暗雲が垂れ込めていたた。財界は、吉田退陣と保守合同へ向けて動きを速める。

藤山愛一郎・日本商工会議所（日商）会頭、稲村甲午郎・経済団体連合会（経団連）副会長ら財界首脳五人が、一〇月七日に会談し、「保守政権による早急な政局安定を図るため、政・財界に強力な働きかけを行う」ことで、意見の一致をみた。経済安定のためには、保守勢力の結集による政局の安定が緊急課題だ。この実現を図るためには、もはや吉田首相の円満な引退による以外に方策はないとの見方である。

一〇月一三日、日本経営者団体連盟（日経連）臨時総会で、桜田武・総理事が「速やかに清心にして強力な政治力を結集して政局安定を図ることが急務だ」とする見解を提案し、満場一致で採択された。これは吉田批判と保守安定政権を要望したものだった。

翌一四日には、石川一郎・経団連会長が、大阪で開かれた懇談会で、「まず今は大きく政局安定と保守合同を打ち出すべきだ」と述べた。吉田批判の空気が強かったが、人事についてはなお慎重論が相次いだ。稲村経団連副会長は、一六日に帰京すると、経済四団体で政局安定を要望する共同声明を出すことを提案した。

さらに神戸で一〇月二〇日に開かれた経済同友会全国大会では、「この際、保守各党が真に党利を越えて民主政治の危機をさとるならば、保守合同が実現されないはずはない。その速やかな実現を要請する」との声明を決議した。

続いて日商常議員会は同二二日、「日本経済の復興自立を阻む最大の禍根は政争の継続、政局の不安定にある」と指摘し、「保守政党は一日も早く合同して清新な新政党を結成し、政治力の強化を通じて日本経済の危機を救うことを要望する」と決議した。

多くの財界人はこう考えた。

保守合同の動きがこじれて、帰国後も吉田首相が引き続き政権担当となれば、解散・総選挙により保守小党分立の公算は大きい。デフレ政策は行き詰まりをみせ、朝鮮戦争の特需で息を吹き返したものの、経済界は窮地に追い込まれつつある。解散・総選挙で政治空白が二カ月も三カ月も続いたのでは、すべてが手遅れとなってしまう。いま総選挙をやれば、社会党勢力が台頭し、保守政党の敗退は目に見えている。自由主義経済の持続的発展を可能にするためには、強力な保守安定政権の誕生が急務である。吉田首相がこの保守大合同のために邪魔となるのならば、円満引退してもらうほかない。

経済四団体の共同声明は見送られたが、吉田長期政権に倦んだ財界は、吉田退陣による保守勢力の合同へと、次第に圧力を強めていった。

吉田首相が五三日間の外遊を終えて帰国した一週間後、一一月二四日、改進党、日自党、自由党を脱党した鳩山、除名された石橋、岸ら反吉田勢力を糾合した「日本民主党」が結成される。総裁には「悲劇の宰相候補」といわれた鳩山一郎が就任した。

一方、自由党は議員総会で、吉田総裁の勇退と緒方の総裁就任を決定した。民主・左右両社会党は一二月六日、三党共同で内閣不信任案を提出する。吉田首相はこれに解散で応じようと考えたが、後継とたのむ緒方にも反対され、やむなく総辞職した。老宰相吉田は、政治の表舞台から静かに去って行った。

一二月一〇日、第一次鳩山内閣が成立した。東京の空にはハト形のアドバルーンが上がり、街には「死んだはずだよお富さん、生きていたとは…」の歌が流れた。

鳩山内閣は平和共存路線を主張し、ソ連との国交回復に乗り出す。翌年二月の総選挙では、鳩山ブームが演出され民主党が第一党となり、自由党は百議席近くを失い第二党に転落した。

保守勢力は分裂し、左派社会党は台頭し、左右社会党の統一機運が高まっている。そんなとき内閣が倒れたら独立後二年目の日本の政治は一体どうなるのだろうかという吉田首相の大きな危機意識が指揮権を発動させた。政局の安定を刑事事件に優先させたのである。指揮権発動は、結果的に戦後復興期の日本の舵取りを担った吉田内閣の命脈を断つモメントのひとつになった。

吉田政権は戦後保守政治の第一期を築いて去り、鳩山の時代が到来した。鳩山内閣の五五年一一月に民主・自由両党の保守合同がなり、自由民主党が誕生する。そして五五年体制が構築され、その後の高度成長への政治的基盤がつくられた。

『自由民主党史』は、指揮権発動について、こう記している。

「こうして、まさに鼎の沸くがごとき騒ぎの中で、保守合同はそのスタートを切ることとなった。日本の経済自立が朝鮮戦争後に今一度の緊縮予算という苦しみを経験しなくてはならなかったと同様、独立回復後の混乱は、本格的政党政治生誕前の〝産みの苦しみ〟とも言うべきものであった」

VI　検察の威信

一　井本証言

内情はまったく違う

指揮権発効により捜査が頓挫してしまった検察側の事情はどうだったのだろうか。

敗戦後、四七年に新たな検察庁がスタートしたが、炭管、昭電事件と捜査はいずれも不首尾に終わった。造船疑獄は、設置後間もない特捜部が手がけた初の本格的な贈収賄事件だった。

一方、思想検察の岸本派と経済検察の馬場派の対立・抗争は、思想検事の公職追放の間に馬場派が圧倒していた。その後、追放組も復帰するが、木内事件を契機に両派の確執は激化していた。代表的な思想検事の井本台吉は、追放解除となり最高検検事として戻るときに、同僚検事から「馬場派がはびこってしょうがないから、お前出てきて少しやれ」と言われたという。

筆者は、九四年末から翌年にかけ亡くなる前の約半年間、当時の事情を知る法務・検察首脳の最後のひとりとなった井本の聴き取り取材をした。

井本台吉（一九〇五―九五）は、一高から東大法学部法律科（仏法）を卒業し、三歳年長の馬場と同期二八年に司法官試補に任官した。戦前は司法省刑事局思想課長などを務め、唯物論研究会事件、人民戦線事件、ゾルゲ事件など、主な思想事件にすべて関与した。

戦後の四六年に公職追放となり退職した。いったん弁護士登録し、昭電事件で収賄罪に問われた福田赳夫・大蔵省主計局長の弁護人を務める。福田は一高の一年後輩で、同じ群馬出身の親友であった。追放解除となり、五三年一月に最高検検事に復職し、同一一月に法務省刑事局長となった。その後、最高検公安部長、札幌、福岡、大阪、東京高検の各検事長を歴任し、検事総長に就く。

井本は、ビルマ反英民族運動指導者バー・モウの戦犯隠匿問題で、敗戦直後に吉田首相を調べた。また犬養は、ゾルゲ事件に関連し逮捕され、無罪となったが、起訴されたことがあった。井本と吉田、犬養三人の不思議な関係といえよう。

井本の証言は、これまでの造船疑獄、指揮権発動の様相を大きく書き換えるものだった。井本の重要証言を採録してみよう。井本は、「もうそろそろほんとうのことを話してもいいだろう」と、自分を納得させるように語り始めた。

――造船疑獄では、検事総長と法相の意見が食い違ったということだが。

「法務大臣が（検察当局と）違った判断を下すということは普通はない。下から上げたことを止めろ反対することはない。それまでも何か意見が違うと、いろいろ議論して、結局どちらかに結論を出した。あのときは、佐藤検事総長と犬養法相の意見が違って指揮権発動をやった。しかしそれはいつもやっていることだ。上の判子をもらわなければ、起訴できないのだから」

——当時、犬養法相は、指揮権発動を入れ知恵したのは岸本次長との説をとったようだが。

「あれは全然違う。犬養は文士だから、思い込むと妙なふうに走ってしまうが全然違う。岸本反対派が『岸本を葬れ』と吹き込んだ話に乗せられて、犬養はそう信じ込んでしまった。あれでは岸本がかわいそうだ。岸本は政治家みたいだったが、案外ひとがよかった。だが指揮権発動の内情は、巷間伝えられていることとはまったく違う」

——いわゆる岸本派と馬場派との対立・抗争が大きく影響していたのか。

「それは別にないだろう。ただやはり人間だから、個人的にはいろいろあったようだ。もとは馬場と岸本というのは仲がよかった。ところが木内曽益が東京の検事正になって、馬場が次席になった。木内と岸本とは余り仲がよくなかったので、対立がだんだんと高じていった。何か岸本が悪いということなってしまった。私は岸本を応援する方だったが」

——では、どういう事情があったのか。

「あのころの検事は勢いがよかった。なかなか阻止すべからざる勢いがあった。しかし、あの事件はうまくいかなかった。つまり贈賄側はいるが、収賄側はいない。それで佐藤栄作を狙い撃ちにした。相対で佐藤が賄賂をもらったというのなら簡単なんだが、佐藤に頼んで自由党に賄賂をやった第三者収賄という変則的な事件で、事件そのものにも相当無理があった。岡原昌男君（元最高裁長官）も亡くなる前に指摘していたが、それは法律家ならばすぐにわかることだ」

――緒方副総理と三月三日に会い、徹夜に近い協議をしているが、何を協議したのか。

「白金（芝二本榎）の緒方さんの所に清原次官と呼ばれ、いろいろ話した。指揮権発動などと事を荒立てなくても任せてくれればこちらで適当に処置しますと言ったが、緒方さんにはねつけられた。副総理は、『総理がそういうご意向だから』と言って頑として聞かない。なぜ吉田首相がそう言い出したのかは、いろいろと理由があると思う。とにかく自由党の政治資金に切り込んだので、吉田がびっくりして、そんなことをされたのではかなわないということだ」

法律的性格

――指揮権発動というのはまったく突然のことだったのか。

「そんなことはない。何回も折衝して、佐藤検事総長が『逮捕許可請求します』と、それに吉田に言われて犬養が『それを待て』という指揮を出すということになっていた。ではどういう名目にするのかということで、指揮権の内容などについて打ち合わせした。それをするか、しないかといことだけのことだから」

――首相官邸サイドでは、緒方副総理が中心にまとめたのか。緒方自身の嫌疑はどうか。

「いろいろあって、ああいう形にせざるを得なかった。上は総理大臣から下は東京地検の次席まで意を通じていたことだ。吉田が誰かから言われて、とにかく指揮権発動をしたら（検察は）受けますよということになっていた。指揮権など発動しなくてもやれないようにすることはいくらでもできると言っても、緒方は聞かなかった。緒方には嫌疑はなかったと思う」

――緒方日記には高瀬青山という人物が登場し、政府・与党と法務・検察の間を行き来しているようだが。

「確かに私のところに名刺が残っている。犬養が高瀬の名前を時々出したが、余り記憶には残っていない。一種の政治ゴロみたいな人物ではなかったか」

――法務・検察は、一体となって指揮権発動に反対したのではなかったのか。

「犬養が『井本さん、これは政治の情勢でやるというのではなく、事件そのものがおかしいというように直らないか』と頼むから、私は『あなたは国会情勢云々ということで約束したのではないのか』と言った。『国会情勢だけで指揮権発動というのはよくない』と余りにも言うので、『法律的性格もあり』という一行を私が入れてやった。犬養がかわいそうだったから入れたが、後で佐藤総長から話がついているのに余計なことをするなといってしかられた。というのは『国会情勢』ということで指揮権を発動するならば、検察は受けるということに決まっていたから。『法律的性格』があれば対抗できるが、『法律的性格』がなければ指揮権発動を取り消した後にやれるということになる」

――なぜ犬養法相がそういうことを言い出したのか。どういう理由なのか。

「当時の佐藤達夫・法制局長官が犬養に私信を送り、『国会情勢よりも事件が無理だということを入れるべきだ』ということを言ってきた。『事件の性質上、いろいろ不十分なところがあるからやるな。もう少し調べろというようにした方がよい』と。私はその手紙を犬養にみせてもらったので、実際に法制局長官に会って確認した。そうしたら本人は否認していたが。指揮権発動の当日のことだ」

――結局、入れ知恵したのは誰なのか。馬場検事正らは何をしていたのか。

「入れ知恵というが、吉田に話をつけたやつがいるのではないか。直接ではなくても、とにかく吉田がそういう信念をもっていたのだから。馬場は秘密主義だったから、情報が漏れるのを極力避けていた。しかし、馬場なり、河井なりが、相当上の方に、われわれに言わないところで、接触していた形跡がある」

――指揮権発動の指揮書は誰が書いたのか。

「指揮書は佐藤藤佐が書いたと思う。佐藤栄作が賄賂をもらっていてやめておけと言うのなら承知しないが、自由党にもっていったのはいかんというだけのことだから」

――指揮権発動に馬場検事正は涙を流したといわれるが、実際の雰囲気はどうだったのか。

「ほんとうの指揮権の内幕は下っ端の検事は知らなかった。そのころ検事は涙を流したというが、実際のところ、内心喜んでいたのではないのかな。馬場は格好がつかなかったが、内心ほっとしたのではないか」

——では、一体誰が指揮権発動を決めたのか。

「結局、吉田首相、緒方副総理、佐藤検事総長、馬場検事正あたりだろう。だが吉田は、どうしても指揮権発動ができるという形をみせたかったようだ」

——緒方日記には「犬養法務大臣の退官を条件とするが如し」とあるが。

「犬養法相のクビは馬場が求めたのではないか」

——佐藤検事総長は、指揮権発動のあとで辞任する意向はなかったのか。

「そういう気持ちは毛頭なかった。とにかく法律書に書いてあることを、法律通りにやって何が悪いんだという考えなんだから」

——その後、いったんは加藤鐐五郎が法相に就くが、直ぐに馬場派の開祖ともいえる小原直に交代している。どういう意味なのか。

「小原は吉田の親友だったからだ。やはり終戦から一〇年近く経って、小原も古い法律の時代の人だから、細かいことはよく分からなかった。（派閥抗争とか）細かいことに口出しするような人ではない。もっと大物だから」

第三者収賄

こうなると指揮権発動の真相は、これまで言われてきた話とまったく異なったもののようである。井本が証言した重要な新事実を検証してみよう。

法務大臣は、請訓規程などに基づき、上がってきた稟請案件について日常的に決裁をしている。法務・検察当局は大臣を十分説得し、また大臣は当局の判断を尊重している。だからその判断が食い違うなどということはあり得ない。造船疑獄は異例の事態であった。犬養法相は白樺派の作家出身、「白樺大臣」の異名をとっていた。

井本証言は、この事件の特徴である第三者収賄罪について、もともと難しかったと指摘している。

第三者収賄罪の規定は、戦時中の四一年の刑法一部改正により、加重収賄罪、事後収賄罪とともに新設された。その本来のねらいは、公務員等が自ら賄賂を収受することによる発覚を免れ、あるいは外形上は無関係な第三者に提供させることで職務権限をあいまいにすることなどを防止するためだ。

第三者収賄罪（刑法一九七条の二）は、「公務員又は仲裁人がその職務に関し、請託を受けて、第三者に賄賂を供与させ、又はその供与の要求若しくは約束をしたときは、五年以下（八〇年改正以前は三年以下）の懲役に処する」と規定されている。

佐藤幹事長の場合、先の被疑事実の通り、五三年九月に船主協会から第二次利子補給法の成立、予算措置などを含めた「謝礼」として自由党に入った一千万円のヤミ献金に第三者収賄容疑が濃厚とみられた。この収賄のカネを受け取ったのは自由党であり、罪に問われるのは佐藤というわけである。この場合、佐藤がその「職務」に関し「請託」を受けたという証明が必要であり、これが犯罪成否のカギとされた。

まず「第三者」の中に政党を含むかどうかについては、刑法一部改正案の立案と議会対応に当たった当時の大竹武七郎・大審院検事は、改正趣旨を「所謂『第三者』には個人、法人、法人格なき団体を含む。例えば自分の主宰し又は所属する団体又は法人に寄付等の名目を以て提供せしむるような場合はこれに該当する」と説明している。

そして、(1)官公吏がその職務に関し請託を受けてこれを許容し、そのお礼として自己の主宰する何々会というようなものに寄付名目で金品を提供させ、会の費用又はその官吏の所謂交際費、機密費というような方面にこれを用いる場合(2)ある市の市長がたまたま某政党の支部長を兼ねている場合に、その市長に対しある申請の出たとき、その申請を許可するお礼としてその政党支部に寄付名目で金品を提供させるような場合——を例示している。

最高裁判例は、「本罪が成立するためには、公務員が其の職務に関する事項について、依頼を受け、これを承諾したこと、および第三者に供与した利益がその公務員の職務行為に対する代償たる性質を有することを必要とし、その第三者は、地方公共団体その他の法人でもよい」としている。

つまり賄賂を第三者に供与させる場合、その利益の供与が公務員の職務行為の対価・代償たる性質を有しなければ、第三者収賄罪は成立しない。また請託を受けたことを必要とするが、公務員がその職務に関する事項について依頼されただでは足りず、その依頼を承諾した事実が必要である。本来、請託された事項の特定性や具体性があれば、とくに請託が承諾されたとか、実現されたとか、また承諾が明示であるとかを要するものではない。

「いずれにしても大政党の幹事長の第三者収賄――は一種のテスト・ケースであり、法律的に鋭く打ち出した検察庁の新構想というのみでなく、国家資金の乱費を衝く造船疑獄の終末にふさわしい大上段に振りかぶった追及の仕方として社会的にも注目されよう」と、当時の新聞は興奮気味に報じている。

特捜部では、自由党へのヤミ献金について「職務」と「請託」の二要件さえ整えば、幹事長の刑事責任を問うことは可能とみていたようだ。しかし、この事件では、自由党幹事長である佐藤栄作の衆院議員としての職務権限が問題となる。

抜け穴調書

敗戦後から二〇〇二年までの五十数年間で、検察庁が第三者供賄・収賄罪で公判請求した件数は全国でわずか一二件（「司法統計年報」）にすぎない。第三者収賄の規定は、実際使われていないし、それほど使えない規定なのである。もうひとつの容疑である受託収賄が問題とならないのも実に奇妙だ。むしろ受託収賄容疑はうやむやのまま消えてしまった。

伊藤栄樹は、「指揮権発動の後、この事実（第三者収賄）では、党に対する政治献金みたいなもので、佐藤氏が私腹をこやしたわけでもなく、迫力がない。他に佐藤氏が個人の預金口座に入れた口がいくつかわかっており、中にはこれまで名前の上がっていない海運会社からの分もあったのだから、どうしてそっちで逮捕しようとしなかったのだろう。今度の指揮権発動は、逮捕事実の選び方を間違えたことにもよるのではあるまいか」と指摘している。

しかし、逮捕請訓の第二の容疑事実には確かに受託収賄容疑が入っていた。やはり佐藤が国会議員としてでなく自由党の幹事長としてカネを受け取っていれば、職務権限が成立しないという不安が検察にはあったようだ。

佐藤のケースでは、船主協会や造船工業会は佐藤が自由党幹事長だからこそ、請託をし、カネを贈ったとみられる。任意団体の自由党幹事長に収賄罪の適用はできない。その後も政党幹事長を収賄罪で起訴した例はない。

飯野グループの判決では、収賄罪に問われた海議連理事の参院議員・加藤武徳は無罪となっている。判決理由は、「儀礼的な挨拶と雑談の中での授受であり、請託がはっきりせず、賄賂性の認識がなかった」とした。参院本会議での審議・表決に賛成の意思表示をしているが、それは自由党所属議員として党の決定に従ったものとの判断を示している。

井本が言う岡原は、当時は千葉地検の検事正であった。「私はその後千葉地検から東京高検の次席になって、『造船疑獄』に関する関係記録を目にすることができた。それを読んだ印象では、私はあの事件は起訴しないでよかったと思った」と、感想を語っている。

「というのは、事件の調査（書）が非常に粗雑で、抜け穴だらけだったからである。要するに犯罪構成要件に該当する形だけの調書はできいるけれども、誰でも『ああ、なるほど』と納得させられるような具体的なものではなく、表面だけをさらっと撫でたような調書で、これでは起訴してもとても公判維持は難しかったであろう。だからあの段階で止めて大恥じをかかなくてよかったといえる。あの事件を起訴していたら恐らく無罪になっていただろうから、結果論からいえば、あの指揮権発動はよかったことになる」と面白い見方をしている。指揮権発動が検察の危機を救ったといわんばかりだ。

造船疑獄に若手検事として加わり、その後も河井特捜を副部長として支えた栗本六郎も重大な疑問を投げかけている。栗本はあるインタビューで、「指揮権発動で事件がつぶれたというのはおかしな話だと思う。逮捕許諾請求するだけの十分な証拠があれば、在宅のままでも起訴できたはずだが……」と話している。

そうした明瞭でないものがあった。だから検察は、収賄罪を想定して、はっきりした物的証拠をつかみたかった。そのためには佐藤を逮捕して詳しい供述を得なければならない。特捜部はかなり危うい綱渡りを強いられていたというのが実情である。だが指揮権が発動されたことで、結果的には事件の構造的欠陥、すなわち「法律的性格」を覆い隠すことができた。

このとき七五歳となっていたワンマン宰相吉田は、いったんこうと決めたら他人の意見など聞く耳をもたないことで知られた。第一次の吉田内閣組閣以来、片山、芦田内閣を間にはさみ、すでに通算約六年半も最高権力者の座にあり、その偏屈ぶりは歳を経るほど顕著になっていた。

昭電疑獄捜査で芦田内閣を崩壊させたことから、特捜部の河井らの半ば強引な取調べは政界には広く知られ、国会でもたびたび取り上げられていた。終戦工作で憲兵隊に拘束された経験をもつ吉田にとって、戦前の軍部の独断・暴走と検察とがオーバーラップしたのではないか。

また佐藤幹事長は、河井検事の取調べに、「自由党の台所を徹底的に洗えば、保守政党は壊滅し、日本の政治は危機に瀕しますよ」と切り返したという。

政党運営の資金調達する立場にあった幹事長ということから収賄容疑がかけられ逮捕されるとすれば、政局に極めて重大な影響を及ぼす。検察が内閣の命運を左右する、生殺与奪の権限を握るといった戦前のような事態は絶対に認められない。新憲法の議院内閣制の下では、内閣の責任において検察をしっかりと指揮監督下に置くべきである。吉田は、何としても「指揮権発動ができるという形を示したかった」のである。検察は虎の尾を踏んだ。

二　第三の佐藤

副総理の進言

法務・検察当局が適当に処理するからとっても、吉田首相らは決して信用しない。岸本説を書いた犬養は、「検察当局はとうとう最後の智恵をしぼって、さすがにくろうとらしい緻密な案を立ててきた」と述懐している。井本の言う「こちらに任せれば適当に処置する」という話と平仄が合う。「この案ならば八方円満に納まり、しかも捜査の目的も達するのであるが、惜しいことにこの案には十に一つぐらいの失敗率を見込まなければならない。しかし十に一つの失敗率でも内閣はたちまちつぶれてしまう」として採用には至らなかった。

佐藤幹事長を任意捜査しての起訴猶予、あるいは政治資金規正法違反の略式命令での決着だろうか。また衆院に逮捕許諾請求しての否決も考えられるが、内閣総辞職につながるおそれがある。

せっかく苦心の案も、「慎重居士の緒方副総理」の容れるところとならなかったと犬養は書いている。検察としては、それならば正面から正式に逮捕請訓し、首相官邸が望む指揮権発動を出してもらうしか方法はない。

緒方自身の疑惑について触れた松本清張は、「次期自由党総裁、次期政権担当を画策していた緒方」にとっても、指揮権発動は「清廉潔白」の表看板を維持するための「一石二鳥の狙いを生かすもの」だったと指摘する。

指揮権発動は実際は犬養、命じるのは吉田、それを理由づける存在は佐藤、池田であり、緒方は全然姿を出さないで済む。緒方は、吉田首相に指揮権発動させ、「吉田首相が悪者になれば、政権は足音高く彼に近づいて来ると考えた」という。「世には、吉田首相が指揮権発動の実際の指揮者と云われているが、実は副総理緒方竹虎なのである。このことは犬養も秘して云わないが、彼自身が充分に承知していることであろう」と推理している。だが証拠は何も示されてはいない。

吉田首相も、先述したように「緒方副総理の進言もあって、犬養法務大臣をして、……検事総長に指示せしめた」と回想していた。緒方は知謀の士と知られており、緒方の進言により吉田が最終判断を下したとみるのが自然である。井本は、「総理がどうしてもやるといって聞かない」と緒方が言ったと証言した。また、伊藤栄樹は、緒方の疑惑について、「一応の調べはしたが、身辺はきれいだった」と、かつて筆者に語ったことがあった。

緒方周辺で動き回っていた高瀬青山については、緒方日記に五四年一月末ころから盛んに登場する。高瀬は、緒方にたびたび会い、検察情報をもたらしている。二月一日には、高瀬は馬場が会談を希望している旨を伝達し、同四日に緒方・馬場会談が実現する。高瀬は、戦争中には中国大陸に渡り、戦後帰国後は政界フィクサーのようなことをしていたようである。

緒方は三月一三日、「Bよりの連絡、漸く問題終局に近く」と記している。これが馬場を指すのかは不明だが、その後の展開をみると高瀬の言動もかなり怪し気である。

しかし、事件から約二年後の五六年一一月一日、佐藤栄作は日記にこう記している。

「夕刻高瀬青山君と四谷福田家に会す。緒方氏の影の支援者であったが、此の度は岸支援。造船疑獄の際緒方氏の相談相手を努（務）めたと話して居たが事実の様だ。小生の知らぬ事も青山氏は関係者で、石井、犬養、池田等について、そのやましい点を指摘して居た。初対面だったがこんな事もあった為か大いに語った」

また犬養が児玉誉士夫に送った手紙（六〇年七月二七日付）には、「ところが先日来、丁度総裁決選を前にして、大野（伴睦）、石井（光次郎）両派提携の頃から、高瀬清山という石井派の参謀で政治好きの学者が盛んに『裁判の事で会いたい』と云って来ましたが……」と書かれている。

裁判のこととは、岸本が犬養を告訴した件を指している。犬養は用心して会わなかったが、高瀬が電話をかけて来て、「大野氏の証言では検察庁は不十分だと云っている。石井光次郎氏の証言を検察庁は望んでいる。私から石井氏に頼んであげる」と言って来たという。いろいろな政界のウラ情報をもって、高瀬は暗躍していたようだ。

井本は「事件の法律的性格」と言うが、指揮権発動書では、正確には「事件の性格」とある。当時発表された法相談話は、確かに「事件の法律的性格」と表現されている。最後まで文言について、かけ引きがあったことをうかがわせる。

井本によれば、指揮権発動の理由は当初、「重要法案の審議」だけで、その前にある「事件の法律的性格」はなかった。「法律的性格」がなければ、「重要法案の審議」というまったく政治上の理由のみが問題となり、すべての責任を政府・自由党に転嫁できる。検察側には何ら責められるべき理由がない。馬場が衆院決算委員会で証言した通りである。

「重要法案の審議」だけの理由では、その政治的理由が消滅すれば、捜査は再開できることになる。「法律的性格」の意味は、事件自体が無理なのだから、検察は強制捜査を見合わせるという意味である。二つの理由を並べることで、政府・与党と法務・検察は仲よく痛み分けという形に落ち着いた。

真の知恵者

では吉田首相に進言した緒方は、いかにして指揮権発動を思いついたのだろう。

指揮権発動に、実は内閣の法律顧問である法制局長官の佐藤達夫が深く関与していた。佐藤幹事長、佐藤検事総長に続き、「第三の佐藤」の登場である。そして井本によれば、この佐藤法制局長官こそが真の知恵者ということになる。

指揮書の極めて重要な意味をもつ「法律的性格」の文言は、犬養法相の要請により、井本によって追加されていた。またその要請は佐藤法制局長官の指摘に基づくものだったというのである。

この指揮書をめぐり、政府・与党と法務・検察、法務省と検察庁の水面下でのかけ引き、政治と検察との間での激しい暗闘と権謀術数が最後まで続いていた。

佐藤達夫が、指揮権発動の妙手を着想し、緒方副総理、吉田首相に提案した。真の知恵者として佐藤は、指揮書の理由まで考え出した。そして政府首脳と佐藤総長、馬場検事正の検察首脳、政治権力と検察権力との政治的妥協が図られたというのが真相とみられる。

松本清張は、知恵者について、「約九名の人達から成る法律関係の連中」としか指摘していない。戦前の検事総長で元司法相の松阪広政の名前を挙げる者もあるが、いずれもその根拠に乏しい。

佐藤達夫（一九〇四―七四）は、戦前に内務省に入り、その後に法制局に移った。戦後は内閣に置かれた法制局の第二、第一部長、次長として、松本烝治・国務相とともに日本国憲法の起草に参画し、GHQとの折衝に当たった。

四七年に法制局長官に就任した。翌年に法制局と司法省が合体し、新設の法務総裁の下に法務庁が設けられる。この法務総裁のもとで法制長官、さらに法務府と改称されると法制意見長官となる。木内騒動のときに、佐藤法制意見長官の名前が登場した。

五二年八月一日に法務府が解体されて法制局と法務省になり、法制局は内閣直属の機関として復帰する。法制局の内閣復帰は吉田首相の直接の命令によるものだった。

法制局の内閣復帰直後に行われた抜き打ち解散では、吉田首相は党三役にも知らせなかった。このとき首相が密かに相談したのが佐藤法制局長官だったといわれる。こうした事情を考えると、この佐藤達夫が、緒方と吉田に指揮権発動の知恵を吹き込んだとみてほぼ間違いなさそうだ。

結局、佐藤達夫は、片山、芦田、吉田三代の内閣七年間にわたり長官を務めた。吉田首相の辞任とともに法制局長官を退任し、六二年に池田内閣の人事院総裁に就任する。

奇しくも佐藤達夫は馬場とは若いころからの親友である。佐藤は馬場と同じ福岡県の出身、佐藤は久留米の県立明善中、馬場は県立田川中からいずれも五高に進んだ。五高文科甲類（英語）の同級生で、二四年に卒業し、ともに東大法学部に学んだ。後年七四年に佐藤達夫が人事院総裁に在職のまま亡くなると、馬場が葬儀委員長を務めている。指揮権発動をめぐり、この佐藤と馬場の間には果たしてどういうやり取りがあったのだろう。

さらに福岡と五高は、あたかも造船疑獄と指揮権発動のナゾを解くキーワードのようだ。五高はこの二人をはじめ、佐藤栄作が二一年卒業、池田勇人は再入学して翌二二年卒業である。それに緒方副総理は、山形県生まれながら五歳から福岡で育ち修猷館から早大に学んだが、馬場、佐藤達夫とやはり同郷となる。

当の犬養法相には知らされなかったが、双方の交渉により、法務・検察当局は「指揮権発動」と引き替えに「犬養辞任」ということで決着をみていた。指揮権発動と法相辞任が取り引きされたのだ。

その取り引きには佐藤総長と馬場検事正が関与していた。事情を知らされていなかった犬養は「ついに時間切れの形で、指揮権に関する公文書が外の方から辞表提出後の法務大臣の机の上に置かれる決着に立ち至ったのである」と書いている。

実際、指揮権発動書は、すでに当局で準備され、原文はしっかりタイプ印刷されていた。松本清張が「犬養法相がペン書きの付箋に判こを捺したもの」としているのは明らかな誤りである。そして原文は佐藤藤佐自身が書いたものと、井本は語っていた。

だから佐藤検事総長は指揮権発動によって辞めることもなかった。最高検検事は、「この際、検事総長は辞職すべきではない。総長と進退をともにする」と奇妙な申し合わせをした。佐藤総長の行動は毅然とせず批判を招いた。

暴走する特捜部

検察首脳会議では、河井が「佐藤の嫌疑は第三者収賄である。証拠は完全に揃っている」として慎重論を一蹴した。特捜部長経験もある藤永幸治は、「当時の特捜部が暴走しすぎた感がしないでもない」と指摘する。伊藤栄樹も同じような感想を述べている。

その証拠には、この捜査を担当した検事の多くが、「冷静に振り返ってみると、当時の証拠関係では佐藤の第三者収賄の成立は無理だった」とか、「リベート全額を特別背任と構成することにも無理があった」と述べていると、藤永は指摘している。

当時の「暴走する特捜部」の雰囲気についての興味深い証言がある。造船疑獄捜査を担当した特捜検事の山室章は、自著に「ピアノの話」を書いている。山室は、運輸省課長を取り調べた。容疑は、娘のピアノ購入資金に職務上関係のある名村造船から一七万余円を受け取ったというものだ。

調べを進めると、この課長は世間にある汚職役人とは全く異質の型で、仕事は公正で役所の内外からは信望が厚かった。私生活は極めて質素で、山室は同情を禁じ得なかった。

課長は娘にピアノを買ってやるために酒やタバコを止め、夫人も同調して節約して貯蓄一筋に涙ぐましい努力を続けた。一年ほど過ぎた年の暮、部下の係長がある楽器店で格好のピアノをみつけて来た。間もなく満期になる定期預金に年末手当などを合わせれば間に合う計算だが、楽器店が待ってくれない。

「まかせてください」と言う係長に、預金証書、株券、現金など一切を渡して、ピアノは数日後に届いた。そして造船疑獄捜査が始まった。実は課長思いの係長は預かった証書や株券を出入りの船会社の社員に渡し、社員が会社から「仮払い金」として支出した現金がピアノ代金として楽器店に支払われていた。

特捜部の見方は分かれた。厳しい見方をとる者は、「課長が船会社から現金を貰ってピアノを買ったというのが真相で、預金証書や株券は後日、貸借を仮装するために渡したもので証拠隠滅の手段にすぎない。借金と見るのはごまかされているのだ」と主張した。

山室は、「連日、当の本人と顔突き合わせて取調べをしている私には到底そうは思われないのだが気負い立つ捜査陣の中ではとかく強気の意見がまかり通ることになり、結局、彼は問題の金を『供与された……収受した』ものとして起訴されることになってしまった」と言う。その後、公判検事が当初の強気一本の主張には同意せず、訴因を「無利子・無期限の貸借」に改めた。地裁判決は、借り受けたという事実を認定し執行猶予付の有罪とした。

山室は、「当初の『貰った』という訴因に関して公判で何ひとつ新しい証拠が出たわけでもないのに、検事側から『借りた』という主張にあらためなければならないような起訴が反省されねばならないのだと私は思う」と、当時の特捜部を批判している。

指揮権発動があった日の夜、小菅の東京拘置所新南舎の畳の控室では、馬場検事正が検事一同に涙を浮かべて頭を下げたという。しかし、馬場の涙は一体何を意味するのだろうか。井本は「内心ほっとしたのではないか」と言う。伊藤も「無念の思いに混じって、ホッとする気持ちがあることも否定できなかった」としている。

畏友小原直

加藤法相の後任となった小原直は、反平沼・塩野派の司法界の重鎮である。小原と吉田首相とは、田中義一内閣のともに次官として、次官会議に同席して以来の古い知人だ。天皇機関説事件で、小原司法相は、美濃部達吉を貴族院議員辞職と引き替えに起訴猶予とした。

軍部・右翼らは天皇機関説を国体明徴運動の一環として排撃したが、その背後には天皇機関説をとる一木喜徳郎・枢密院議長らの失脚を目論む平沼騏一郎・枢密院副議長らの策動があったといわれる。

二・二六事件後、小原は、広田弘毅内閣の組閣に際し、陸軍から吉田茂らとともに入閣を拒否された。吉田は親英米派、小原は「国体明徴問題の処置について遺憾の点があった」との理由であった。陸相に擬せられた寺内寿一が首相官邸に乗り込んで注文をつけた。阿部信行内閣でも司法相に内定しながら、小原は内相兼厚相に横滑りした。平沼前首相、塩野前司法相の横槍が入ったためである。一方で、平沼らの不評を取り返して閣僚に留まったとして、小原の政治性を指摘する見方もある。

吉田首相は造船疑獄が急転回をみせ始めた五四年四月一三日、福永官房長官あてに次のような書簡を密かに送っている。

「拝啓、改造之場合法務ニハ小原直をと内ゝ考居、過日小坂順造氏を以て内交渉中之処、小坂氏ハ政局之現状ニ付老兄より小原氏ニ説明せハ同君の決意を促し可得との事ニ有之、就てハ乍恐縮小坂順造君と御連絡の上小原氏を往訪、先方の希望ニ応、現状等ニ付御説明被下度、小生ハ小原氏ハ共ニ次官時代以来の懇意ニて小生平生畏友として長年の交際ニ有之候ニ付腹臓（ママ）なく御話被下差支無之候、電話ニてと存候得共他聞を恐れ此書相認候、書中の義ハ未た閣僚及党之三役ニも相談致さささる

義と御承知被下度候、右処用耳得貴意候、敬具」

小坂順造は、第五次吉田内閣の労相となった小坂善太郎の父親である。戦前、信濃毎日新聞社社長から、衆院議員に当選し、後に貴族院議員となった。信越化学工業社長、枢密院顧問官などを務め、五四年には電源開発総裁に就任していた。天皇機関説で、小原の意を受け美濃部説得に当たったのが、二人の縁者だったこの小坂だ。

犬養更迭を吉田首相自身が早くから決め、後任は畏友小原だったことがわかる。問題はその時機にあった。新法相に就任した小原は六月一九日、加藤前法相と事務引き継ぎをした後、記者団と次のような問答を交わしている。

――犬養元法相の指揮権発動についてどう思うか。

「指揮権を大段平を振りかざす形で発動したから問題になったのだ。事前に納得ずくで話し合っていけば、ああいうことにはならずにやれたとも思う。しかし、具体的な今度の問題について自分は批評する立場にない」

――佐藤逮捕断念の検事総長談話についてどう思うか。

「事実を知らぬから批評するのは困る。ただ昔は検事が弁解することなどはなかった」

小原は、検察の運び方は極めて不手際であったし、検事総長の逮捕断念発言は言い過ぎであると、暗に非難している。

指揮権発動という事態を避けるために法務当局は、事前に法務大臣に対し説得に努めなければならない。だが当局の大臣説得の努力はなく、内部から批判が出た。法務大臣は納得していないのにかかわらず、正面から逮捕処分請訓の書面を上げ、逆に大臣を追い込んでしまった。

「検察とは政治なり」

衆院法務委員会で、小原法相は九月一一、二四日、指揮権発動について問いただされた。

野党議員の「犬養法相の指揮権発動が原因で検察権の信用を失墜させたのではないか」と問われ、「当時の犬養法相が自己の責任においてああいう指揮権発動をしなければならなかったというお考えのもとになされたと思う。検察庁法一四条の規定に基づいておやりになったので適法の行為でありますから、これは法律的には適法である。結果、国民の信頼が検察に対してなくなったのであるとまでに断言し得るかどうか、私はちょっと今躊躇いたすわけであります」と答弁した。

小原法相は、その指揮権発動が妥当なものだったかどうかについて、「これは法律に従ったので、これはまったく適法であることは間違いない。ただしこれが妥当であるかどうか、こういうことになりますと、人によっていろいろ批判が異なると思っております」と、疑問を示している。

しかし、検察庁法一四条の但書はまったく異例のことで、容易に行われないものであるかというと、「世の中が大変誤解している」と述べる。「ただ先般の佐藤栄作氏に対する指揮権の発動のように検察庁と法務大臣とがつばぜり合いになって、そこで書面を出して稟請を仰ぐ。その書面に対して、法務大臣が書面をもって指図する。こんなことは私はかつて聞いたことがないのであります」と半ば憤慨している。「穏やかに話し合っておれば、何も異例の処置でもなんでもない」と批判的な答弁を繰り返した。

自分が法務大臣に就任後も、この検察庁法一四条の但書によって、個々の事件の取調べや処分については日常的に指揮をしている。それは要するに、下の検事から順次上級の監督者に回って来て、検事総長が最後に法務大臣に対して指揮を仰いで来る。その事件について、法務大臣は常に検事総長を指揮していると説明した。

「この場合は常に下の方と上の方とが意見が不一致になることはない。大体と申しますよりは、ほとんどすべて稟請を仰いで来るものはその通り指揮をいたして、毫も検察側と法務大臣側とにおいて意見の杆格はないのであります。（中略）こういう方法によって、この一四条の但書というものは常に行われるのが理想であり、またそうなることがほんとうである。今後もその方法によってやる限り、この検察庁法一四条は存在し、そうしてその但書によって検事総長を通じて法務大臣が指揮することは当然なければならず、またこれがあって初めて検察の運用がうまくいく、こういうふうに私は考えております」

要するに、処分請訓規程などに基づき検事総長から法務大臣に対し請訓は日常行われている。今回は法務・検察当局のやり方は極めて不手際、前代未聞だというのである。井本証言と符号する。あるいは指揮権発動の真相を小原は推察していたのかもしれない。

吉田書簡などをみると、佐藤検事総長らの証言承認拒否の内閣声明もやはり小原法相の提案によるものだ。今度は政府・与党側と法務・検察側の利害の一致をみた。

佐藤藤佐は小原の想い出として、「いわゆる造船疑獄事件の捜査が終わる頃、わが検察の重大な時機に、先生は敢て法務大臣として就任された。親しく大先輩を迎えることができて、私共は、非常になつかしい想いをしたことであった。あの大事件も、先生の適切な善後処理によって、それから円満に解決された」などと回想している。

司法界の大立者である小原が法相に就任することにより、法務・検察全体に安心感と信頼感を与え、正常化に大いに役立ったことはまぎれのない事実である。同時に、反目してきた政府・与党側にとっても同様のことがいえるだろう。政府・検察に信頼の厚い小原のみがこの事態を収拾できた。吉田の小原起用はずばり的中した。あるいはこれも政府・検察の暗黙の合意があったのかもしれない。

小原法相の側近によると、検察の修復と懐柔に当たった小原は、大正期の大浦事件をしばしば引き合いに出していたという。同事件では、平沼検事総長の下に小原次席が指揮し、収賄の議員ら一八人を起訴した。そして大浦内相を議員辞職と政界引退により起訴猶予とした。

しかし、大浦の起訴猶予処分は、検察が政府の不当な圧力に屈したということではない。尾崎行雄・司法相も巻き込み、政府側を押し切った「検察権の拡大・強化」を示す事件と評される。結果的には、この起訴猶予処分が検察権の拡大・強化を示したのと同様に、造船疑獄の指揮権発動が「検察の威信」を守ったといえる。

天皇機関説の美濃部のときのように、起訴猶予処分を上策とした小原は、「検察とは政治なり」と側近に説いていた。小原の考えは、佐藤を追いつめて指揮権発動を引き出すより、まだ起訴猶予で議員辞職させた方が賢明ではなかったかということだろうか。

馬場のマキャベリズム

GHQと馬場の強力な支援の下で東京地検特捜部は看板を掲げて五年、功名心にはやるばかりで、まだ見るべき成果は上がっていなかった。むしろ昭電でも炭官でも無罪の山を築き上げ、政界は検察に対し蔑みと警戒感を抱き始めた。

そこへ血気の特捜検事河井が「ひょうたんから駒」の事件を見つけ出し、特捜部は猟犬のように飛びついた。

「会社事件捜査の第一人者」（馬場）といわれた河井がとった手は、それまであまり使われなかった商法特別背任罪である。佐藤検事総長も、新聞記者に、「こういう疑獄事件は、国民的な鞭撻というか、世論を背景にしなければやっていけない。諸君もひとつ大いに鞭撻してくれ」と言って、煽ったという。

特捜部の正念場となり、大疑獄事件に発展するかにみえた。だが捜査の進展につれ、次第に勝算のない難事件であることが明らかになってきた。

旧刑訴法で周到に証拠を固めた昭電事件でさえ、芦田元首相や大野伴睦ら多くの無罪を出した苦い経験がある。まして新刑訴法の公判では、賄賂が否認されたとしても、それを覆すだけの客観証拠がなければ、起訴は難しい。逮捕さえできなかった佐藤幹事長を起訴することは無謀に近い。

河井ら暴走する特捜部を抱え、検察首脳はディレンマに陥った。第一線の特捜部と思想検察の「国家有用」論という単純な対立図式ではない。GHQの後ろ楯がなくなった現在、これ以上の惨めな失敗は特捜部の存亡に関わる。敵に弱みを見せないで、勝ち目のない戦をいかにして収拾するか。戦争を始めるのは簡単だが、終結するのはいつも難しい。

国民注視の中、検察首脳は、事件の本質を隠蔽し、「検察の威信」を傷つけない形での撤収を図った。それは政府・自由党との秘密裏の政治的妥協であり、指揮権発動と法相辞任の取り引きである。指揮権発動を受け容れる条件として、検察がこだわったのは、「国策の基本に重大な影響を及ぼす」という政治上の理由の明記であった。

これを構想し計画できるのは検察には馬場をおいて他に人はいなかった。その交渉の相手は緒方副総理である。指揮権発動は馬場と緒方により謀られ、吉田が最終的に決定した。指揮権発動を緒方、吉田に進言できた真の知恵者はやはり佐藤法制局長官だろう。中心人物は、馬場と佐藤達夫の親友二人と緒方ということになる。

これが井本証言などから自ずとたどりつく結論である。

指揮権発動そのものを検察側から官邸に耳打ちしたという見方がある。ある元司法記者（宮本雅史）は、「このストーリーを描いたのは、東京地検検事正の馬場義続、主任検事の河井信太郎ら馬場派であった可能性が高い」と指摘し、その条件としては「犬養の辞任のほか、派閥抗争をしている岸本派の駆逐と当時の法務・検察首脳や幹部の将来の確約ではなかったか」と推理している。

非常に興味深い推理ではあるが、当時の吉田政権の不安定さ、その後の保守合同、鳩山政権の誕生などを考えると、果たしてそこまで言い切れるか疑問を禁じ得ない。馬場は深謀遠慮のひとである。

政府・与党の政治上の理由により、その責任において指揮権を発動させる。政府・自由党に抗しながら、巧みにそれを利用することにより、検察権力を高めた馬場の一種のマキャベリズムともいえよう。吉田内閣が政権末期にあることと、国民世論という追い風が検察を鼓舞した。地検には全国から激励の手紙が殺到し、国民的熱狂が起きた。もはや逮捕許可請訓とそれに対する法相の指揮権発動は形式にすぎない。

吉田首相にとっては、政権維持のため、佐藤幹事長の逮捕だけは何としても避けなければならない。佐藤逮捕を認めることは、少数与党の吉田内閣の崩壊につながり、政局の安定をめざす保守合同そのものが破綻してしまう。吉田内閣退陣を虎視眈々と狙う鳩山ら追放解除組にみすみす政権を渡すことになる。吉田は、前面と背後から挟撃を受け、絶体絶命の窮地に陥った。

検察にとっては、指揮権の発動により事件を収拾させることで、「検察の威信」を救うことができる。検察首脳部は、「検察の正義」よりも「検察の威信」を優先させたのである。負け戦続きだった検察は外敵に対して凝集力が強まり、結果的に馬場派にとっては岸本派の掃討にも役立った。

政府と検察両首脳の利害は見事に調和をみた。ある意味では、両者は敵対的な共犯関係にあったといえる。

VII　馬場検察

一　電光石火の交代劇

伊藤の批判

指揮権発動は、政治と検察が激しく切り結んだ一瞬であった。そして政治的な妥協により、苦肉の収拾を図った。政治権力と検察権力との対立と妥協をこれほど鮮明にみせたのは、戦後検察史において類例がない。逆にみれば、特捜部を主力とする戦後検察が政治権力と対抗できるまでに強化されたことを意味した。

検察は政治に屈服したのではない。むしろ勝ったのは検察である。それは馬場時代、戦後検察の確立から安定期の到来を告げるものであった。

伊藤栄樹は指揮権発動に、「佐藤栄作幹事長を逮捕した後には、池田勇人政調会長を始め、なお何人かの国会議員の逮捕が予定されており、一体この事件はどこまで発展するのだろう、日本の政治はどうなるのだろうといった漠然とした不安が胸にあった」と、感想を述べている。当然、伊藤ら現場検事には事件の全体像はみえていなかった。

伊藤は同時に、「それにまして、河井信太郎主任検事との捜査観の相違とでもいうべきもの、それと、判事出身の佐藤藤佐検事総長の人のよさに、相当な不安を抱いていたのである」と、不信感を表明している。

河井は確かに「不世出の捜査検事」である。彼の調べを受けて自白しない被疑者はいなかった。しかし、「法律家とはいえなかった。法律を解釈するにあたって、無意識で捜査官に有利に曲げてしまう傾向が見られた」と非常に辛辣な人物評をしている。河井へのこの深い疑念は何を意味するのだろうか。佐藤幹事長は、主任検事の河井の「好意ある訊問」に好感をもったようである。

その河井は後に当時を述懐して、「マスコミの大部分は、その時指揮権発動に服する検察は意気地がないとかこの事件が権力によってうやむやにされるようなことがあってはならないと非難したが、もう少し深く検討する必要がある」と語っている。そして「教育法案、防衛法案その他重要法案審議の推移に鑑み、国策の遂行上重大な支障がある、ということを指示された場合に、『国策の遂行上重大な支障はない、それは党利党略だ』と検事が主張していいかという問題がある」と指摘する。

さらに河井は、「国敗れて検察の独立があっていいのか」と問題を提起する。「ところが、総選挙の結果、やはり指揮権を発動した保守自民党（ママ）を国民の大多数が支持しておるとき、指揮権発動がまちがっていると検事が主張することは、『検察ファッショ』だと思う。そういう非難を受けることを考えねばならない。これは検察の歴史に残る問題であり、この点を正しく理解し、後輩にもまちがいなく伝えてほしい」。ぎりぎりまで追いつめたが、「国策の遂行上重大な支障」ということでやむを得なかったというもっともらしい弁明である。野心家の河井に驕慢と功名心がなかっただろうか。

伊藤栄樹は、佐藤検事総長に対しても、「まことに人柄のよい方であったが、もともと裁判官出身であったため、捜査会議の欠点を十分ご存じなく、強気の意見に引きずられがちであった」と矛先を向けている。

全国からの応援検事を加えた節目節目の捜査会議では、まず河井主任検事の強気の意見が開陳された。これに続いて地方からの応援検事を筆頭に、次々とこれに同調する意見が述べられたという。「慎重な見解は、東京プロパーの検事から述べられるが、その意見はしばしば総長によって無視されてしまった」。まさに暴走する特捜部、実に勢いがよかった。

自らの検事総長の経験を踏まえ、伊藤は、「会議において、トップの者は、原則として消極意見を述べて吟味させるべしというのが検事の社会の常識なのだが」と述べ、佐藤の見識を疑った。

加藤参院議員の処分をめぐり証拠の評価が分かれ、その取調べに当たった検事が、涙を流して起訴は無理だと主張した。伊藤もこれを支持したが、圧倒的に大きい強気の意見は起訴すべしであった。

裁判の結果は無罪である。「今でもあの涙は忘れられない」と、伊藤は回想している。

そして伊藤は、「私は、指揮権発動を受け、佐藤総長は、当面必要最小限の指図をしたら、パットお辞めになるべきだったと思っている」と言い切っている。さすがに馬場検事正への直接批判は避けている。だが全検察を一身に背負い、すべてを取り仕切っていたのは馬場にほかならない。一線の地検幹部は馬場派一色である。

佐藤藤佐を知る元最高裁判事は、「佐藤藤佐は、裁判官出身の緻密な人なので、公判維持できるかという次元での判断があったのではないか」と指摘する。「職務を投げ打って頑張れば、佐藤藤佐はもっと頑張れたはずだ。そうしなかったのは証拠関係が弱かったからではないか。それを表に出したらいけないから伏せて、指揮権発動があったからやむを得ないということで、『検察の威信』を守ったのではないか」との見方を示している。当たらずといえども遠からずといったところである。

クリーンなカネ

戦後の海運・造船業は、計画造船を呼び水として急速に躍進することができた。しかし、事件後、海運・造船業救済策である計画造船に対する批判が集中し、海運業の整理統合による体質改善、造船所の整理淘汰による過剰能力の棄却が先決条件とする議論が起きた。

五三年に導入された利子補給制度は、海運五四社が国家助成の対象となったが、スエズ動乱に伴うブームで状況が好転したため、三年後に停止された。この間、海運会社に対する利子補給総額は約一〇三億円に達した。だがスエズ・ブームは長くは続かず、再び悪化し、六〇年度からは利子補給が復活する。

船主協会は、「これによってわが国海運の国際競争力についての最大の問題であった金利コストがかなり軽減され、海事金融における利子補給の意義はきわめて大きいものがあった」と高く評価した。これに対し、造船疑獄の中心と目された飯野海運は、「海運不況に基づく諸施策は海運業に投資した金融界の利益保証の要求と、海運業界の危機打開の要請から成立をみたものであったが、結果は、かろうじて本邦海運が苦境を乗り切ることができただけで、日本商船隊の国際競争力を強化するようなものではなかった」と冷たく批判し、対照的な見方をしている。

また経済界には、この事件をきっかけに、「個別企業がそれぞれ直接政党に献金するから、特定企業と政治家との癒着が生まれ、見返りの要求が出るのだ」とする反省が起きる。カネを受け取った大物政治家は傷を負うことなく、カネを出した経済人が逮捕され批判を受けた。これを機に、経済界として「見返りを求めないクリーンな資金」を集め、保守党に提供しようということになった。

造船疑獄の翌五五年一月、業界や大企業から政治献金を集め政党に寄付する団体「日本経済再建懇談会」が設立された。昭電、造船と相次ぐ汚職事件に対する経済界への世論の批判が高まり、経団連の植村副会長が懇談会設立を提唱し、植村の下で総務部長の花村仁八郎が政治資金を集めることになる。

その代表世話人となった植村は同一月、懇談会設立の理由について、「造船疑獄が起こったいきさつもあり、いろんな点で考えさせられるところがある」と、朝日新聞の論壇に寄稿した。

「従来ある特定の業界、会社などから直接政党にカネが出るところに弊害が生まれる恐れがあり、一般から疑惑の目をもってみられる大きな原因があったと思われる。そういう事情をふりかえってみて、われわれはこの関係を断ち切って各業界からの寄金をできるだけプールして、いわばミキサーにかけて、色を消し、一本にまとめ、これを日本経済の再建、民生の安定のため適切な政策が行われるという一般目的に集約して寄金する方法をとることが、実業界としてこの際政界浄化を一歩進めるために協力できる途ではないかと考えた」

また花村は当時のことをこう語っている。戦前は財閥の三井、三菱、住友、古河などが、政友会、民政党に各々寄付し、政党の台所を賄っていた。

「戦後は財閥がなくなったから、幹事長が個別企業を回ってカネを集めた。これは違法ではない。ところが造船、海運は補助金や利子補給を受けていて政治献金は出せない法律があった。会社は出したら罰せられることを知っていたが、吉田内閣の自由党幹事長だった佐藤栄作さんが、造船海運業界からカネを集めたところバレて事件となった。これが造船疑獄事件で、出した方は懲役刑を受けたが、もらった方は指揮権発動で助かった。この事件で経済界は信頼を失い、『このままでは日本経済の発展はあり得ない』というので、何とかクリーンなカネをまとめて集めようということになった。『見返りのないカネなど出せない』という人もいたが、当時の経団連副会長だった植村甲午郎さんにいわれて、私が説得して歩いた」

懇談会は初年度には、一億数千万円を集め、民主、自由両党のほか、左右両派社会党にも献金した。経済界が各企業を取りまとめて政党に献金するという献金一本化は、民主・自由両党の保守合同、自民党結党を推進することになった。

経済再建懇談会は六一年七月、自民党の政治資金団体である国民協会（七五年に国民政治協会に改称、初代会長・岩田宙造）に吸収される。経団連は、企業への割当額を決めた「花村メモ」による献金システムを確立し、自民党への政治献金の斡旋業務をすることになる。

こうして財界はその後、自民党に自民党政権崩壊までの四〇年間の長期間にわたり政治献金を続けた。それはいわば「自由経済体制を守る保険料」（花村）というわけである。

日ソ国交回復を花道に引退した鳩山首相の後継は、翌五六年一二月、自民党初の総裁選挙で石橋湛山に決まる。経済白書は「もはや戦後ではない」とうたった。石橋首相は一ヵ月ばかりで病に倒れ、外相の岸信介が首相臨時代理となり、直後の五七年二月、岸内閣が成立する。

売春汚職

佐藤検事総長は、指揮権発動を不当として辞任すると思われたが、指揮権発動からさらに三年も検事総長に留まり、部内からも批判が出た。総長在任は通算七年間の長きに及んだ。戦前の平沼騏一郎の八年一〇ヵ月、小山松吉の八年四ヵ月に続く記録で、戦後では最長となる。

五七年七月二三日、佐藤藤佐は、「ずいぶん長く総長の椅子に座りすぎましたが、後進に道を譲るときが来ました」と述べ、検事総長を辞任した。佐藤の後任には、またもや弁護士出身で、東京高検検事長の花井忠が就任する。

指揮権発動の直後から、自由党筋などから総長交代を求める動きがあった。こうした動きを、佐藤藤佐は指揮権発動後の事態収拾を理由に一蹴してきた。中村梅吉・法相の説得を受け、ようやく佐藤は、内閣発足直後の岸首相を訪ね、勇退を申し出た。岸と佐藤が一高、東大の同級生だったことから、岸の首相在任中ならばと考えた。一時は岸本義広・法務事務次官の名前も挙がったが、佐藤検事総長が強く反対した。

造船疑獄の翌年一月、岸本は法務事務次官に、馬場は最高検刑事部長となっていた。岸本が認証官の次長検事からただの事務次官になったのは、東京を離れるのを嫌い、大阪の検事長を断わったためといわれる。

中村法相の「佐藤と仲の悪い岸本は花井の後に検事総長になってもらうことにして、まず花井を検事総長に起用し、東京高検検事長の後任に岸本を充て、事務次官の後任には佐藤の最も信頼する最高検刑事部長の馬場義続を起用する」という構想で決着した。

中大教授も務めた花井は、戦前の弁護士界の重鎮だった花井卓蔵の養子で、在野の弁護士として活躍した。五三年一月に法曹一元により東京高検検事長に就くと、「敵の陣営に入ったようで、まるで暗闇にいるようだ」と語った。

花井の総長就任直後の五七年秋、売春汚職事件が発覚した。「全国性病予防自治会」幹部が全国の売春業者から多額の非常対策費を集め、売春防止法案の国会審議の際、業者側に有利な活動をしてくれる国会議員に現金を贈った事件である。

造船疑獄以来、三年間にわたり低迷を続けてきた特捜部が久々に政治家逮捕にこぎ着け、検察の士気も高まった。「最も汚い汚職」といわれた事件だが、国会議員の方も徹底した防御工作をしたため、結局、起訴された議員は自民党の真鍋儀十ら衆院議員三人にとどまった。特捜部の事件としては、一人は完全無罪となるなど不本意な結果に終わった。

この事件捜査の最中、読売新聞（一〇月一八日付）が「売春汚職、宇都宮徳馬、福田篤泰両代議士収賄の容疑濃くなる」と実名入りの記事を掲載したことから、誤報と名誉棄損事件が起きる。両代議士は、事実無根であるとして、直ちに読売新聞編集局長、担当記者、検事総長、東京地検検事正、事件担当検事を名誉棄損で東京地検に告訴した。告訴事件は東京高検に移送され、高検は一〇月二四日に担当記者を逮捕した。その後、読売記者は取材源を秘匿したまま釈放される。

唐沢俊樹・法相は国会で、「両代議士に容疑はなかった」と言明する。衆院法務委員会で、読売が「取材源は検察」としていることを質されると、「調査の結果、検察側から漏れていないと信じている」と否定した。結局、読売も訂正記事を掲載したことから、告訴は取り消され、不起訴に終わった。

これもまた、東京高検検事長の岸本と事務次官の馬場との暗闘に結びつけられ、語られてきた。岸本が指揮する高検は、馬場派の検事をあぶり出すことで、馬場派の追い落としを目論見た。そして読売記者は、両派の抗争に巻き込まれた犠牲者とされた。

しかし、当時の特捜検事・伊藤栄樹が晩年に書いた著書によると、事情はだいぶ異なるようだ。伊藤によると、売春汚職の捜査では重要情報がしばしば読売に抜けていた。そのうち抜ける情報はどれも法務省へ報告したものばかりであり、それに関与したのはひとりしかいなかった。そこで特捜部が偽情報を流し、引っかかったのが読売の誤報となったという。

伊藤は、そのとき法務省にいた男の名前は忘れたとしている。だが偽情報を流したのは伊藤本人、読売記者のニュース・ソースは馬場腹心の法務省刑事課長・河井信太郎であった。両派抗争の脈絡の中で起きたことは事実だが、岸本が政治的に画策したとみるのはどうだろうか。しかし、これが馬場次官を刺激し、電撃的な総長交代劇の序幕となったのである。

馬場の一撃

造船疑獄から五年後の五九年五月、政府は閣議で、花井の辞任を認め、後任の検事総長に次長検事の清原邦一を抜擢した。花井の退任は早くても秋、後任は岸本が確実とみられていた。法務・検察部内には、馬場派のクーデターともとれる人事に、大きな衝撃が走った。

清原の総長就任は、序列二位の東京高検検事長の岸本を飛び越えることになる。検察官の定年は六三歳、検事総長のみ六五歳である。すでに六二歳となった岸本を差し置いて二歳年少の清原が総長に就いたことは、岸本の総長就任がもはや絶望的となったことを意味した。派閥抗争を苦々しく思っていた花井は、勇退を決意し、後任に派閥抗争とは無縁で謹厳な清原を推薦したという。

岸本は、鷹揚に構え、花井の後任は自分以外にないと楽観していた。これ対し、馬場には、岸本が順当に総長に就任すれば、逆に自分は追われるとの強い危機感があった。事実上の人事権を握る事務次官の馬場は、岸本を阻止すべく周到に布石を打ち、権謀をめぐらしてきた。結局、長かった両者の戦いは、馬場の放った一撃によって瞬時に決着をみた。

四月一〇日の皇太子結婚直後、花井は、密かに愛知揆一・法相に辞意を漏らし、「後任は清原以外にない。第二候補は出さない」と伝えていた。四月末には岸首相の賛意も得て、五月上旬に岸・花井会談がもたれ、愛知も含めて三者の意見が一致した。

突然の総長交代を発令すると、愛知は「電光石火、近来にないスマートな人事だよ」と得意気に語った。秋ころの交代を想定していた岸本には驚天動地だったが、清原自身も驚きを禁じ得なかった。突然の辞任の理由を、花井は、「早めに後進に道を譲りたい。ただそれだけです」とのみ述べた。

法務・検察はともかく、清原検事総長によって、四七年の検察庁法制定以来、初めて念願の検事出身、生え抜きの総長を据えることができた。

指揮権発動から六年後となる六〇年四月、岸本は、東京高検検事長を最後に定年退官となり、孤影悄然として検察を去った。こうして馬場派が岸本派との派閥抗争に完全に勝利し、戦後新検察はようやく新時代を迎えることになる。

時代は安保改定とミッチーブームに大きく揺れ、三井三池争議や安保反対に大衆運動は空前の高揚をみせた。六〇年五月一九日深夜、自民党は警察官を導入して会期を延長し新安保条約を強行採決した。そして六月一九日に自然成立し、岸内閣に対する国民の批判は一気に高まった。しかし、新安保発効とともに岸首相が退陣を表明すると、反対運動も潮が引くように鎮静化していった。

後継の池田首相は、好景気に支えられ所得倍増計画を発表し、岸の強硬姿勢に対し「寛容と忍耐」を説き、低姿勢をとった。

六〇年一一月の総選挙の結果、自民党は無所属を加え、三〇〇議席の大台に乗せた。池田政権は安定化の基礎を固め、安保も浅沼稲次郎・社会党委員長刺殺事件も有権者には大きな影響を及ぼすことはなかった。この年の経済成長率は実質で一五・六%、名目で二一・三%に達し、国民の関心は政治から経済に巧妙にそらされた。

タカ派の岸から低姿勢の池田へ、政治重視から経済重視へ、時代の「振り子」は大きく揺れた。急速な都市化と消費ブームの高度成長の時代を迎え、日本は戦後保守政治の安定期に入る。

二　検察中興の祖

現代版「滝の白糸」

清原・馬場体制の下に東京地検特捜部は、次々と汚職事件を摘発し、六〇年代前半に全盛時代を迎える。馬場が法務事務次官にあった六一年七月、仙台高検次席検事の山本清二郎を東京地検次席検事に転じ、河井信太郎を法務省刑事課長から特捜部長にすえた。ともに馬場の子飼い、汚職摘発のエキスパートだ。

河井は、それから四年余にわたり特捜部長を務め、そのまま次席検事に昇格する。馬場の下で河井が東京地検を牛耳っていたこの時期は「特捜の黄金期」といわれる。

河井特捜は早速、運輸相の許認可をめぐる本格的な贈収賄事件である武州鉄道事件を摘発する。運輸相の逮捕は、昭和初期の鉄道疑獄事件での元鉄道相・内田信也以来であった。若き日の馬場検事がこの鉄道疑獄を担当したが、馬場には元鉄道相を有罪にできなかった苦い経験がある。

特捜部は、武州鉄道発起人総代の滝嶋総一郎、元運輸相の衆院議員・楢橋渡、埼玉銀行頭取、大映社長らを贈収賄容疑などで逮捕し、一三人を起訴した。調べられた自民党国会議員も一〇人にのぼった。事件は古典的な贈収賄だが、多彩な実業家の登場は世間の耳目を集めた。

贈収賄、特別背任、経済罰則違反で構成されていたが、中心は武州鉄道の免許に関する楢橋の滝嶋からの収賄であった。裁判の結果、楢橋、滝嶋はいずれも有罪が確定したが、特別背任、経済罰則違反関係者など経済界の実力者らはいずれも無罪となった。

一方、検察を去った岸本義広は、六〇年一一月の総選挙に自民党公認で、郷里の大阪五区から立候補し、当選を果たした。大野伴睦が岸本を説得したとされ、岸、佐藤ら大物議員が続々と岸本の応援に駆けつけた。だが選挙運動では大規模の買収があったとして、「馬場の追撃戦」といわれた、徹底した大阪地検特捜部の摘発が行われた。

橋本乾三・大阪地検検事正は、異例の中間発表をしたうえ、『週刊新潮』のインタビューにまで応じた。「ぼくの今度の選挙違反取締りの重点とか調べる方法とかは、岸本さんに教えられたことをそのままやっているだけです。日本の刑法をきめた江藤新平がその刑法に触れ、ギロチンの考案者がギロチンにかかった、まさにそれと一しょになった。いわば現代版〝滝の白糸〟だな。何ともしようがないよね」と饒舌に語った。

橋本が岸本派だったことを考えると、これは岸本派の壊滅を意味した。橋本乾三は、吉田学校門下生で第三次吉田内閣の橋本龍伍・厚相の実兄で、橋本龍太郎・元首相の伯父に当たる。

大阪地検は六一年七月一七日、河井の特捜部長就任の二日後、岸本を公職選挙法違反（買収）で起訴した。起訴事実は、岸本は、同派選挙運動の出納責任者らと共謀し、一七人の運動員に買収資金や運動報酬として計四三〇万円余の現金を渡し買収したというものである。特捜部の九ヵ月に及ぶ捜査で、運動員ら約二〇〇人が被疑者として取調を受け、一四四人（うち公判請求五八人）が起訴された。実兄、次男も起訴され、岸本夫人は調べを受けたが起訴猶予となった。

岸本の処分については、最高検、大阪高検、地検の間で数回にわたり協議を行い、慎重に検討を続けた。地検の処分方針が強硬なため、最高検も検察の公正を期するため、第一線の大阪特捜部の方針を支持したという。起訴後、主任検事の別所汪太郎は、「世評を恐れぬ自信がなければ、これだけ他の仕事を犠牲にして仕事はできなかったろう」と自負した。

また記者会見した橋本検事正は、「岸本氏が昨年四月に退職するまで、その指導を受けた後輩が起訴せねばならないことは、私情においてまことにしのびがたい気がする。しかし、検察官には法秩序を破った者の非を追及する職責がある。今度の措置は当然の検察権を行使したものだ」と強調した。

だが部内にこれら発言を額面通り受け取るものは少なかった。この程度の買収を摘発するならば多くの候補者が引っかかってしまうとの岸本同情論も多かった。

大阪地裁堺支部は六四年三月、買収の共謀を認め、岸本に有罪判決を言い渡した。このときすでに岸本は前年秋の総選挙で落選していた。岸本は無罪を確信して控訴する。しかし、翌六五年九月、山梨の温泉で湯治中に心臓麻痺を起こし、失意のうちに死去した。

火焔太鼓を背負い

造船疑獄からちょうど一〇年後の六四年一月八日、清原の後任総長に東京高検検事長の馬場が任命された。「ミスター検察」の異名をとった馬場にとっては満を持しての就任であった。馬場の検事総長就任は、名実ともに戦後検察の一時代を画することになる。

馬場は、思想検事のパージという好機をとらえ、戦前からの塩野・岸本閥らの旧勢力をほぼ一掃し、戦後検察の体制を確立したのである。戦後保守政治とほぼ軌を一にして、検察は安定期に入る。平沼を開祖とすれば、いわば馬場は検察の「中興の祖」といえよう。

認証式の行われた同日、最高検で恒例の就任会見をした。

馬場は、「総長になったからといって特別な抱負はない。決まったレールの上を走るだけ」と切り出した。「検事が犯罪捜査について、責任を大きくもっている国は日本ぐらいのものだ。今後の方向としては検事は公判中心で行くべきだが、今の段階では捜査から手を引くことは難しい。警察官がさらに深い法律知識をもてば、検事が公判に専念することができる」と持論を披瀝した。

当時まだ公判中だった宿敵岸本を念頭に、「一般的に言って、行政官は落ち着いて仕事をやるべきで、役人生活を踏み台にして代議士に出るなどはあまり感心しない」と、真っ向うから批判した。また池田首相、佐藤栄作が五高の先輩に当たることから、「これからは政治家とはつき合わんことにする」と語り、慎重な姿勢をみせた。

馬場は、戦中、戦後にかけて数々の疑獄事件摘発に携わり、一度も東京を離れたことがないまま検察の最高ポストに上りつめるという類例のない経歴をもつ。その張りつめた気迫と「烈々たる正義感」に、側近は「火焔太鼓をいつも背に負っているようだ」と評した。「カミソリ馬場」とも、「新興宗教の教祖みたいな存在」ともいわれた。

海軍経験のある特捜検事の別所は、造船疑獄の当時、「地検を指揮される馬場検事正の勇姿は、艦橋で戦闘を指揮する艦長の姿を彷彿とさせた。まさに第一線戦闘部隊の総指揮官」であったと、回想している。馬場は、戦前の鉄道疑獄の教訓から、経理に精通した検事を集め、次席時代に特捜部を創設した生みの親である。

六四年七月、自民党総裁選挙で池田勇人が三選される。だが池田は病気のため東京オリンピックを花道に辞任し、同一一月に佐藤栄作が首相となった。

高度成長に支えられた佐藤内閣は、師の吉田茂を抜き、戦後内閣最長の七年八ヶ月に及び、戦後保守政治の安定時代を築くことになる。長期政権の理由としては、高度経済成長の加速、政敵の相次ぐ死と人事の手腕、それに野党の低迷の三点が指摘される。

自民党総裁選への三選を狙う池田首相と、これに佐藤が挑戦した六四年夏の抗争には、合わせて二〇億円を超える空前の実弾が飛んだといわれる。総裁選では、池田は佐藤・藤山の合計に僅差で勝った。このときに田中角栄が暗躍した。総裁選で使われたカネをめぐり、その後に一連の疑獄事件が噴出する。

特捜中心主義

総長就任後の初の全国検察長官会同で、馬場検事総長は、検察の行う捜査活動について、「検察の合理化」を強調した。

馬場は、「検察官が独自の立場から行うべき特殊、または重要な事件については、従来以上に積極的に摘発捜査に取り組むことを考えなければならない」と指摘し、警察送致事件の「不備欠陥の点は、原則として警察の責任において補充させる」などと訓示した。検察による補充捜査を省き、特捜重点主義の馬場検察の方針を鮮明にする。

検察部内の体制も、次官時代に配置した山本地検次席、河井特捜部長らの直系で固めた。従来の官学中心の法務・検察人事を改め、特捜部を中心に中大など有能な私学出身者を次々と起用し、各自を競わせながら巧みに使い分けた。これが結果的には、官学と私学、本省と特捜という二重構造を法務・検察につくることにもなる。

この「特捜の黄金期」は、「特捜にあらずば検事にあらず」の雰囲気にあふれていた。「特捜の黄金期」とは、裏返せば特捜絶対主義、特捜至上主義にほかならない。またこのころから、報道機関に対し、検察は徹底管理の官製発表方式を採り始める。伝統的な捜査密行主義の検事らは、鳴り物入りの捜査に眉を顰めた。

馬場検事総長は、岸本派に対しては、岸本派以外からも反感を買うほどの徹底した報復人事を断行した。岸本東京高検検事長の下で側近の高検次席だった岡原昌男は、京都地検の検事正に五年間も塩漬けになった。もっとも岡原は、大阪高検検事長を最後に検察を追われて最高裁に入り、その後に最高裁長官にまでなっている。

馬場・河井体制の下で、特捜部は、武州鉄道事件を手はじめに、六四年の自民党総裁選挙に絡むとされた詐欺などの吹原産業事件、京成電鉄振出の小切手など計一八億円を詐取した森脇・大橋事件、虎ノ門国有地払い下げをめぐる恐喝・詐欺などの田中彰治事件、業界保護のための特別措置法の立法化をめぐる共和製糖事件などを相次いで摘発する。森脇事件では再び「森脇メモ」が出回った。

このうち田中彰治事件では、一七年間の長期にわたり衆院決算委員長を務めた田中彰治が国会での疑惑追及のウラで恐喝や詐欺など重ね、まさに「政界のマッチ・ポンプ」ぶりが明らかになった。同事件には小佐野賢治や田中角栄も登場し、ロッキード事件の伏線となる。また田中彰治は、馬場ら検察首脳を委員会に呼び出し、さんざんに悪意に満ちた質問を浴びせた過去があった。

六六年後半の事件に政治家の不祥事が重なり政界の「黒い霧」事件と呼ばれ、不人気だった佐藤内閣はいよいよ苦境に立たされた。国会審議は難航し、佐藤首相は年末に解散に打って出た。いわゆる「黒い霧解散」である。

黒い霧総選挙の結果、公明党の衆院初進出により多党化が始まったことで、自民党は初めて得票率で五〇%を割った。しかし、自民の議席は微減にとどまり、佐藤内閣は逆に長期政権へのきっかけをつかむことになる。

佐藤長期政権の要因のひとつに検察の存在を指摘する見方がある。検察捜査の在り方を、立花隆は、政界汚職に積極的にメスを入れるが、政権中枢は見逃すという「馬場検事総長方式」と指摘している。佐藤が歴史的な長期安定政権を築くことができたのは、池田勇人、河野一郎という政敵が相次いで死んだこと、それに検察の力を巧みに利用して、その残党派閥の力をそぐことができたからだという。

確かに武州鉄道事件の楢橋渡、田中彰治もそうである。まして共和製糖事件の社会党・相沢重明に至っては政権の存立とは関係ない。吹原事件、森脇・大橋事件などによって、佐藤の最大のライバルであった池田派は完全に力を失ってしまう。河野が死ぬと、河野派の議員が絡む田中彰治事件や共和製糖事件が摘発され、河野派の残党も力をそがれた。

その背景に「佐藤と馬場の交友関係」があると分析し、造船疑獄が縁となった指摘する。その根拠は明確には挙げられていない。馬場検察は佐藤政権との政治的妥協により、結果的にはその長期化を後押ししたとする立花の見解には一定の説得力がある。

佐藤と馬場の暗黙の協力関係、そこに指揮権発動で発揮された馬場の政治性をみることができる。馬場の師ともいうべき小原の言うように検察は政治なのである。馬場は造船疑獄から多くを学んだ。

馬場検事総長は、六四年夏の自民党総裁選について、巨額の派閥政治資金が流れたのに「なぜ検察は何も手をつけないのか」との記者の質問に、「世間に誤解がある」と答えている。

「まず犯罪と検察の行動開始とは別のものだということ。それに誰かを倒すために、私ども検察が引っかけられたり、利用されたりする。これが怖いんですよ。そして検察が手をつけてからものにならずに止めると、政治的圧力に屈したなどと非難される。一体政界浄化などの旗印を掲げて検察は動けないんで、一番いいのは民間が証拠をつけて告発してくれることですね」と応じた。

腹心河井

あくまで検察は「不偏不党、厳正公平」、捜査は「法と証拠」とする正統的見解を馬場は述べている。しかし、馬場を語るには、その分身ともいえる河井の存在をなおざりにすることはできない。馬場の正統的な検察観からすれば、河井は「背教者」のようにもみえる。だが馬場はなぜか河井を重用し続ける。法務官僚の馬場が検察を支配するには、河井の辣腕を必要としたのである。

特捜部長を四年余、引き続き次席検事を三年間も務め、河井は長期にわたり地検の牛耳を執った。通常の人事では、特捜部長からいったん地方の検事正に転出するのがほぼ慣例となっている。馬場が推す河井の昇格はまったく異例なもの、部内でも顰蹙を買った。

ロッキード事件の国際興業社主・小佐野賢治と親密だった河井は、森脇らウラ世界に精通した人間を情報屋として巧みに利用し、最後には刑務所に放り込んだ。一部には熱烈な信奉者もいたが、河井は余りにも政治的で毀誉褒貶が激しく、策を弄しすぎたとの評価が今では定着している。

井本は、「河井は平沼騏一郎と会って、いろいろ聴いている。平沼は刑事事件を通じて政界ににらみを利かしたが、河井もそれをまねしようとしたのではないか」と、筆者に語ったことがある。「資本主義の内部における腐敗、堕落を糾明し、資本主義の健全な育成を図るものは検事以外にはない」と、河井は断言している。芦田均の指摘ではないが、その論理は戦前の皇道派の青年将校を彷彿とさせる。独善的であり、検察絶対主義への傾斜が強過ぎる。河井の危うさである。

六七年当時、馬場総長が、田中伊三次・法相と謀り、東京地検次席の河井をいきなり東京地検検事正に抜擢しようと計ったことがあった。検察部内では、佐藤首相が、政治的な動きの目立つ河井を一線のトップにすえ、検察支配を狙ったものとみられた。造船疑獄の取調べから、佐藤は河井検事の「好意ある訊問」に好印象を抱いていた。

このときの竹内寿平・事務次官も馬場派だったが、ルール無視の人事に頑強に反発する。すると田中法相は、「竹内総長、河井検事正」を提案し、竹内の懐柔にかかったが、竹内に一蹴された。このころ人事をめぐる検察の内紛は首相官邸まで巻き込んでいた。

東京地検次席検事だった河井の処遇など検察人事をめぐり、六七年夏ごろから、高瀬青山ら様々な人物が首相官邸を訪れていたことが佐藤日記に記されている。「人事の佐藤」は、検察幹部の人事にまで容喙していたのである。

六七年夏、別所汪太郎・部長率いる大阪地検特捜部は大型の汚職事件の摘発に乗り出していた。タクシーの基本料金の値上げ問題などにからんで、大阪のタクシー業者と陸運局幹部の間に癒着があり、多額の餞別を渡したり、料亭で供応をしていた事実が判明し、大阪タクシー協会やタクシー会社などを捜索した。

その後、同協会会長ら数人を任意調べした結果、石油ガス税法案をめぐり自民党衆院議員・関谷勝利ら複数の国会議員に賄賂が渡された事実が明らかになり、贈収賄事件に発展した。しかし、大阪地検と最高検・法務省の意見が国会議員の職務権限などをめぐり食い違い、秋まで捜査は遅々として進まなかった。

ところがタクシー汚職の捜査は、一一月二日に馬場から井本に検事総長が交代したことにより、急きょ進展することになる。前任の馬場は消極だったが、井本に代わった途端に積極に転換した。井本検事総長のもとで開かれた同二二日の検察首脳会議で、強制捜査の方針がようやく決まった。地検は、「職務密接関連行為」とみて、関谷らを受託収賄で逮捕、起訴した。裁判で有罪が確定し、関谷にとっては造船疑獄に続き二回目の有罪となった。

検察正義を貫き

検察部内では、このとき馬場が腹心の河井次席に事件記録をみせたが、河井は首を横に振った。河井は部内で、「国会議員を捕まえるのは東京地検特捜部の仕事だ。大阪地検特捜部は、地方議員とか市町村長を捕まえていればよい」と公言してはばからなかった。贈賄容疑の業者中に、河井と親密な関係にあった国際興業が入っていたからといわれる。

一一月二日の退官に際してのお別れ会見で、馬場は、燃焼し尽くした満足感からか、「やっと旅路も終わってやれやれというところ」と言葉少なに語った。このとき馬場の胸中に去来したのは、若き日の数々の疑獄事件捜査のことか、岸本との厳しい抗争だったのだろうか。

その一週間後の八日、佐藤首相は「馬場前検事総長から最近の大阪タクシー事件をきく。不相変政治家の名前が出てる。悲しい事だ」と日記に記している。検事総長交代から一週間後、馬場は、退任挨拶のためなのか、佐藤首相を訪れた。そしてこれから業者幹部と国会議員の強制捜査に入ろうというときに、タクシー汚職の話を親しく交わしている。現在では到底考えられない事態である。

佐藤日記には、「検察庁人事で河井信太郎君の（検事正）抜擢に反対と（井本台吉）検事総長から云って来たので、検事一体の原則を守り抜くに都合のいい人事をする事。河井君の兄貴分の山本（清二郎）君を登用し度し（と）云って来た。総長にまかす」（六八年三月一八日）と、興味深い記述がある。佐藤はなおも河井抜擢を目論んでいた。

指揮権発動から一四年後となる六八年二月、特捜部は日通事件捜査に本格着手した。東京地検は六月二五日、日通社長・福島敏行、社会党参院議員・大倉精一と佐藤内閣の「御意見番」といわれた自民党衆院議員・池田正之輔らを贈収賄罪で起訴した。大倉が逮捕されたのに、池田は任意だったため様々な憶測が流れた。池田は、法務・検察内に広い人脈をもつことで知られていた。

佐藤首相は、翌七月に迫った参院選挙への影響を懸念した。佐藤日記には、「六月二三日　昨日以来赤間法相が夜おそく電話して、池正君を逮捕すると云ふが如何したものかと意向をきいて来る。勿論日通事件であっせん収賄罪のけんぎ。選挙がすむまでは困るが、別に支（指）揮権発動ではない。どうなるのやら一寸心配」と記されている。

翌二四日、朝刊で報じられ、NHKのニュースが流れると、佐藤首相は、「手の施し様なく遂に検察当局に任す。起訴に内定して明日決定とか」と記した。

両議員の起訴から約二ヵ月後、井本検事総長は不意打ちを受けることになる。財界誌などが、日通事件捜査中の四月一九日、井本と自民党の福田赳夫・幹事長、池田正之輔の三人が新橋の料亭「花蝶」で会食していたと暴露したのである。井本も福田も釈明し、疑惑を全面否定した。

井本は池田逮捕に消極的だったし、特捜が池田宅から押収した領収書の写真が外部に流れたことから、井本総長と特捜部の間に深刻な相互不信感が深まった。岸本と馬場、思想検事と経済検事の抗争が再燃したかにみえた。後に井本は、「いろいろ調べてみたが、あれは一種のリークだった」と語り、河井リーク説をとっていた。

池田は「事件は、東京地検検事正になれなかった河井の私怨によるもの」と発言し、激怒した河井は月刊誌に「命を賭けたわが東京地検生活」と題する一文を公表した。池田に厳しく反論し、井本を暗に批判した。これに対し池田は、河井を名誉毀損で告訴し、損害賠償請求訴訟を起こす。

しかし、名誉毀損は不起訴となり、損害賠償も河井の勝訴に終わった。河井は、「雑誌への反論などは検察官として不適当な行為」として検察官適格審査会にかけられたが、不処分となった。同窓の中大出身の検事らが反対したが、河井は法相の訓告処分を受けた。

その後、井本後任の竹内寿平・検事総長が、「部内融和と均衡人事」を掲げ、旧来の派閥抗争をほぼ解消する。

指揮権発動一八年後の七二年一一月三日、馬場は、戦後の歴代検事総長ではただひとり、最高の栄

いた。

誉とされる勲一等旭日大綬章を受章した。同年七月、政権は、佐藤から田中角栄の手に引き継がれ

検事総長は通常は勲一等瑞宝章である。馬場には政府への特筆すべき貢献があったという意味である。本人側から直接に首相官邸に働きかけがあったともいわれる。親授式後の記念写真には、長髪となった佐藤前首相を中心に、馬場らが仲よく収まった。

指揮権発動から二一年後の七五年六月、佐藤栄作が死去した。それから二年後の七七年二月、馬場義続が世を去った。ともに享年七四であった。

「烈々たる正義感」あふれる馬場に対する後世の批判はある。しかし、戦後新検察の体制を確立し安定させたのは、よくも悪しくも馬場のリアリズムにほかならない。その「不撓不屈」の気迫と情熱、執念のみがなせる業であった。その意味では、戦後の日本検察史において、馬場は間違いなく特筆されるべき存在である。

馬場の故郷の秋月郷土館に飾られた遺影の文は次のように結んでいる。

「馬場氏は戦後最大の検事総長と言われたが、それは若き検事正時代から頂点の総長まで一貫して検察正義を貫いたからであろう。退官に際して『検察はメスをふるう外科医ではあっても、脇役であり、死命を制する主役は国民なのだ』という名言を残している」

馬場の検事総長時代、総長室には検察権を確立した尊敬する平沼騏一郎の「法似輔仁義」の扁額が

掲げられていた。
馬場は、造船疑獄を指揮権発動でしのぎ、派閥対立や抗争を乗り越え、平沼・塩野や小原・木内らの遺産を自らのものとすることによって、戦後検察を構築した。馬場は、彼らの正統な継承者であり、忠実なエピゴーネンである。

（了）

【関係人物】　肩書は五四年四月時

〈司法／法務・検察〉

平沼騏一郎	（元検事総長・首相）	一八六七・一〇・二五―一九五二・八・二二
鈴木喜三郎	（元検事総長・政友会総裁）	一八六七・一〇・一一―一九四〇・六・二四
小原　直	（元東京控訴院長・司法相）	一八七七・一・二四―一九六六・九・八
塩野季彦	（元大審院次長・司法相）	一八八〇・一・一―一九四九・一・七
佐藤藤佐	検事総長	一八九四・一・七―一九八五・八・二九
木内曽益	（元次長検事）	一八九六・一・二二―一九七六・六・三〇
岸本義広	次長検事	一八九七・四・二三―一九六五・九・一〇
清原邦一	法務事務次官	一八九九・三・二七―一九六七・一一・一一
馬場義続	東京地検検事正	一九〇二・一一・三―一九七七・二・二四
太田耐造	（元大審院検事）	一九〇三・五・一六―一九五六・三・二一
井本台吉	法務省刑事局長	一九〇五・四・三―一九九五・一一・七
山本清二郎	東京地検特捜部長	一九一〇・七・三〇―一九九五・一二・一二
河井信太郎	東京地検特捜部検事	一九一三・一〇・一―一九八二・一一・一五

〈政・官界〉

吉田　茂	首相	一八七八・九・二二―一九六七・一〇・二〇
緒方竹虎	副総理	一八八八・一・三〇―一九五六・一・二八
池田勇人	自由党政調会長	一八九九・一二・三―一九六五・八・一三
佐藤栄作	自由党幹事長	一九〇一・三・二七―一九七五・六・三
佐藤達夫	法制局長官	一九〇四・五・一―一九七四・九・一二

【編注】造船疑獄関係の確定判決

◇飯野海運関係
　俣野健輔　特別背任＝無罪（求刑懲役一年六月）▽三盃一太郎　特別背任＝無罪、贈賄＝懲役一年・執行猶予二年（同二年）▽田村辰男　特別背任＝無罪（同一〇月）▽渡辺浩　贈賄＝罰金五万円（同四月）▽加藤武徳　収賄＝無罪（同一〇月・追徴金二〇万円）▽岡田五郎　収賄＝懲役一〇月・執行猶予二年・追徴金三五万円（同一年・追徴金三五万円）▽関谷勝利　収賄・国家公務員法違反＝懲役一年・執行猶予二年・追徴金二五万円（同一年六月・追徴金二五万円）▽三木晴雄　国家公務員法違反＝罰金五万円（同八月）

◇山下汽船・運輸省グループ
［海運・造船関係］　横田愛三郎　特別背任＝無罪、贈賄＝懲役一〇月・執行猶予二年（求刑懲役二年六月）▽吉田二郎　特別背任＝無罪、贈賄＝懲役六月・執行猶予二年（同一年六月）▽菅朝太郎　特別背任＝無罪（同懲役八月）▽漆野寿一　贈賄＝無罪（同六月）▽名村源　贈賄＝懲役六月・執行猶予二年（同一年六月）
［政官界］　有田二郎　贈賄・収賄＝懲役二年・執行猶予三年・追徴金二七万円（同三年）▽壺井玄剛　収賄＝一部無罪、懲役二年・執行猶予三年・追徴金一一〇万円（同二年六月）▽国安誠一　収賄＝一部無罪、懲役一年・執行猶予三年（同一年六月）▽土屋研一　収賄＝一部無罪、懲役六月・執行猶予一年・追徴金一七万二五〇〇円（同一〇月）▽高梨由雄　収賄＝無罪、収賄幇助＝懲役三月・執行猶予一年（同八月）

［関連事件関係］　高田寛　贈賄＝懲役四月・執行猶予一年（同一年）▽塩次鉄雄　特別背任＝無罪（同八月）▽今井田研二郎　特別背任教唆＝無罪（同八月）▽猪股功　特別背任＝無罪、詐欺など＝一部無罪、懲役三年（同六年）▽志賀米平　特別背任＝無罪、詐欺罪＝懲役六月・執行猶予一年

【参考・引用文献】

「自由民主党史」同編纂委員会１９６１／吉田茂「回想十年」新潮社１９５８／吉田茂記念事業財団編「吉田茂書翰」中央公論社１９９４／芦田均「芦田均日記」岩波書店１９８６／岸信介「岸信介回顧録」廣済堂１９８３／佐藤栄作「佐藤栄作日記」朝日新聞社１９９８／三好徹「評伝緒方竹虎」岩波書店１９８８／犬養健「〝揮権発動〟を書かざるの記」『文藝春秋』１９６０・５／我妻栄他編「日本政治裁判史録」第一法規１９６８／「平沼騏一郎回顧録」学陽書房１９５５／「小原直回顧録」同編纂委員会１９６６／「塩野季彦回顧録」同刊行会１９５８／「松阪広政伝」同刊行会１９６９／木内曽益「検察官生活の回顧」１９６８／「岸本義広追想録」同刊行会１９７１／「太田耐造追想録」同刊行１９７２／「馬場義続追想録」同刊行会１９７９／伊藤栄樹「新版検察庁法逐条解説」良書普及会１９８６／同「秋霜烈日」朝日新聞社１９８８／河井信太郎「検察讀本」商事法務研究会１９７９／山室章「永遠をおもう思い」経済往来社１９７９／「検察講義案」法務省刑事局２０００／大竹武七郎「改正刑法要義」松華堂１９４１／司法省編纂「司法沿革誌」法曹会１９３９／「続司法沿革誌」（復刻版）１９６３／「東京地方検察庁沿革誌」同編集委員会１９７４／「裁判所百年史」最高裁判所事務総局１９９０／「内閣制度百年史」同編纂委員会１９８５／三谷太一郎「政治制度としての陪審制」東京大学出版会２００１／大江志乃夫「明治馬券始末」紀伊国屋書店２００５／『ジュリスト』有斐閣Ｎｏ．３２、Ｎｏ．５８／後藤基夫他「戦後保守政治の軌跡」岩波書店１９８２／堀越作治「戦後政治裏面史」岩波書店１９９８／藤永幸治「特捜検察の事件簿」講談社現代新書１９９８／山本祐司「東京地

【参考・引用文献】

検特捜部」現代評論社１９８０／野村二郎「検事総長の戦後史」ビジネス社１９８４／岡原昌男「検察と政治」『文藝春秋』１９９４・３／立花隆「巨悪ｖｓ言論」文藝春秋１９９３／松本清張「日本の黒い霧」文藝春秋１９７３／宮本雅史「歪んだ正義」情報センター出版局２００３／共同通信社会部編「談合の病理」(株)共同通信社１９９４／日本海運集会所「日本船主協会五〇年史」日本船主協会１９９７／日本造船工業会３０年史刊行小委員会「日本造船工業会30年史」日本造船工業会１９８０／飯野海運株式会社社史編纂室「飯野60年の歩み」同社１９５９／日本郵船株式会社「七十年史」同社１９５６／三和良一「占領期の日本海運」日本経済評論社１９９２／松野頼三「戦後政治の語り部（４６）『造船疑獄』で指揮権発動」『熊本日日新聞』２００４・５・８

【関係年表】

―　戦　前　―

一八七一・七　司法省設置
七二・四　江藤新平が初代司法卿に就任
・八　司法職務定制制定
七四・四　江藤新平「佐賀の乱」に敗れ、梟首となる
七五・四　大審院設置
八〇・七　刑法、治罪法公布
八九・二　大日本帝国国憲法公布
九〇・二　裁判所構成法公布
九一・五　大津事件
九四・八　日清戦争
九五・一二　司法省本館完成
一九〇四・二　日露戦争
〇九・四　日糖事件
一〇・五　大逆事件（翌一一・一判決）
一二・一二　平沼騏一郎が検事総長
一四・一　シーメンス事件
一五・八　大浦事件

【関係年表】

二三・九　平沼騏一郎が司法大臣
二五・四　治安維持法公布
二八・七　思想係検事を設置
三一・九　柳条湖事件（満州事変）
三二・五　五・一五事件
三四・四　帝人事件
三五・九　天皇機関説の美濃部達吉を起訴猶予処分
三六・二　二・二六事件
三七・七　盧溝橋事件、日中戦争始まる
　　・九　司法省刑事局第五課設置（思想課）
三九・一　平沼騏一郎内閣成立／太田耐造が刑事局第六課長（同）
　　・七　木内曽益が浦和地裁次席検事
四一・三　治安維持法改正（第三次法、予防拘禁制追加）
　　・八　馬場義続が刑事局第二課長
　　・一二　太平洋戦争始まる
四二・八　井本台吉が刑事局第六課長（同一一月思想課長）
四四・八　岸本義広が東京刑事地裁次席（翌四五・三同検事正）
―戦後―
四五・八　日本敗戦、第二次世界大戦終結
四六・一　ＧＨＱ公職追放を指令

【関係年表】

・二　木内曽益が浦和地裁検事正／太田耐造が甲府地裁検事正
・四　戦後初の総選挙実施
・五　鳩山一郎・自由党総裁が公職追放／第一次吉田茂内閣成立
・六　木内曽益が東京刑事地裁検事正
・七　岸本義広が札幌控訴院検事長／太田耐造が退官（翌八月公職追放）
四七・五　日本国憲法、検察庁法、裁判所法施行
・六　片山哲内閣成立／馬場義続が東京地検次席
・八　最高裁発足
・一一　東京地検に隠退蔵事件捜査部（部長・田中萬一）を新設
四八・二　司法省廃止、法務庁を設置／木内曽益が法務庁検務長官
・三　芦田均内閣成立
・六　昭和電工事件
・一〇　第二次吉田内閣成立（官房長官・佐藤栄作）
・一二　昭電事件で芦田均・前首相を逮捕／炭管汚職事件で田中角栄逮捕
四九・一　刑事訴訟法施行
・二　第三次吉田内閣成立
・五　隠退蔵事件捜査部を特別捜査部（部長・福島幸夫）と改称／木内曽益が次長検事、岸本義広が広島高検検事長
・六　法務庁を法務府に改組
・七　国鉄が第一次人員整理を発表。下山事件、三鷹事件（翌八月松川事件）

【関係年表】

五〇・四　馬場義続が東京地検検事正
・六　朝鮮戦争始まる／第三次吉田第一次改造内閣成立（法務総裁に大橋武夫）
・七　佐藤藤佐が検事総長／企業のレッドパージ始まる
・八　警察予備隊令公布
五一・三　木内騒動（木内曽益が退官、岸本義広が後任の次長検事）
・六　政府、第一次追放解除を発表（石橋湛山、三木武吉ら政財界人）
・九　対日平和条約・日米安保条約調印（翌年四月発効）／思想検事・特高警察関係者の追放解除
・一〇　二重煙突事件
五二・五　血のメーデー事件／海運造船議員連盟が海運助成対策と復興促進決議
・七　破壊活動防止法公布・施行、公安調査庁設置／衆参両院が海運力復興促進決議
・八　警察予備隊を保安隊、法務府を法務省に改組／衆院抜き打ち解散
・一〇　第四次吉田内閣成立（官房長官・緒方竹虎＝翌月に副総理、法相・犬養健）
五三・一　外航船舶建造融資利子補給法を制定公布／佐藤栄作が自由党幹事長／花井忠が東京高検検事長、井本台吉が追放解除で最高検検事に復職（同一一月法務省刑事局長）
・三　政府が損失補償法を追加した第一次利子補給法改正案を国会提出／衆院バカヤロー解散
・五　第五次吉田内閣成立（緒方副総理、犬養法相留任）
・七　政府が利子補給法改正案を再提出、保守三党が共同修正案提出／朝鮮休戦協定調印
・八　共同修正案が可決成立、第二次利子補給法として公布、即日施行
・一〇　池田・ロバートソン会談
・一二　第一九通常国会召集

【関係年表】

五四・一・二　皇居二重橋事故
・七　特捜部が山下汽船専務、日本海運社長らを逮捕、造船疑獄捜査始まる
・一五　山下汽船社長・横田愛三郎を逮捕
・二五　運輸省官房長・壺井玄剛を逮捕
・二六　保全経済会事件で伊藤斗福らを逮捕
・三〇　吉田首相・緒方副総理、佐藤検事総長・馬場検事正が秘密会談
・二・一　衆院行政監察特別委員会が保全経済会事件に関し平野力三を証人喚問
・一九　衆院決算委員会が造船疑獄事件で森脇将光を参考人招致
・二四　自由党副幹事長・有田二郎を逮捕
・二八　自由党政調会長・池田勇人を事情聴取
・三・一　第五福竜丸がビキニ水爆実験により被災
・三　緒方副総理が清原法務事務次官・井本刑事局長と会談
・八　MSA関係四協定調印（四・二八国会承認）
・一一　飯野海運社長・俣野健輔を逮捕（四・一、四・一一計三回）
・二八　緒方副総理が保守新党構想を発表
・四・一〇　造船工業会会長、船主協会理事、自由党会計責任者らを逮捕
・一三　自由党声明を発表、保守新党結成を呼びかけ
・一四　自由党幹事長・佐藤栄作を取調べ。衆院議員・岡田五郎、同・関谷勝利を逮捕
・一五　参院議員・加藤武徳を逮捕
・一七　検察首脳会議を開く（同一九、二〇日）

【関係年表】

・一九　新党結成促進協議会が発足
・二一　犬養法相が指揮権発動／横田愛三郎を処分保留のまま保釈
・二二　犬養法相が辞任、後任法相に加藤鐐五郎
・二四　衆院本会議が内閣不信任案、荒木万寿夫逮捕許諾を否決
・三〇　俣野健輔を保釈
五・二九　教育二法、ＭＳＡ秘密保護法が可決・成立
六・二　防衛二法が可決・成立
・三　衆院本会議が会期延長をめぐり大混乱、警官隊が院内に初出動
・一五　第一九国会閉会
・一六　佐藤検事総長が異例の談話発表、佐藤自由党幹事長らを政治資金規正法違反で起訴
七・一　自衛隊発足
・三〇　佐藤検事総長が造船疑獄の捜査終結を宣言
八・一〇　吉田発言「疑獄は流言飛語」
九・六　衆院決算委員会が佐藤検事総長を証人喚問（翌七日馬場検事正）、さらに吉田首相、犬養前法相らの証人喚問を決定
・一八　吉田首相が外遊準備を理由に証人喚問拒否。衆院決算委が首相告発動議を可決
・一九　鳩山一郎・重光葵ら六者会談で反吉田・新党結成で一致
・二一　新党結成準備会（新党結成促進協議会を改称）が発足／田中彰治衆院決算委員長らが佐藤検事総長に吉田首相告発状を提出
・二六　吉田首相が欧米七ヵ国歴訪に出発（一一・一七帰国）／青函連絡船・洞爺丸が遭難

・一〇・七　藤山愛一郎・日商会頭、稲村甲午郎・経団連副会長ら財界首脳が会談
・一三　日経連臨時総会が保守安定政権を求める見解採択（続いて経済同友会、日商が保守合同を要請）
・一一・一六　衆院決算委員会が河井信太郎検事を証人喚問
・二四　日本民主党結成（総裁・鳩山一郎）
・一二・七　吉田内閣総辞職
・八　自由党新総裁に緒方竹虎を決定
・一〇　第一次鳩山一郎内閣成立
・三〇　佐藤検事総長らの証言承認拒否の内閣声明
五五・一　岸本義広が法務事務次官／馬場義続が最高検刑事部長
・一〇　社会党統一大会（委員長・鈴木茂三郎）
・一一　自由民主党結成（保守合同なる）
五六・一　緒方竹虎死去
・一〇　鳩山首相が訪ソ、日ソ共同宣言
・一二　石橋湛山内閣成立
五七・二　岸信介内閣成立
・七　花井忠が検事総長、岸本義広が東京高検検事長、馬場義続が法務事務次官
・九　河井信太郎が法務省刑事局刑事課長
・一〇　売春汚職事件

【関係年表】

五八・三　井本台吉が最高検公安部長
五九・四　皇太子結婚
・五　清原邦一が検事総長
六〇・四　岸本義広が定年退官
・五　新安保条約を自民党単独で強行採決（六・一九自然承認）
・七　池田勇人内閣成立
・一〇　浅沼社会党委員長刺殺事件
・一一　岸本義広が衆院選に立候補、当選
六一・七　岸本義広を公選法違反（買収）で起訴／河井信太郎が東京地検特捜部長
・九　武州鉄道事件で元運輸相・楢橋渉を逮捕
・一二　馬場義続が東京高検検事長
六二・八　井本台吉が札幌高検検事長（六四・五福岡、六六・三大阪各高検検事長）
六三・九　最高裁が松川事件再上告審で上告棄却、被告全員の無罪確定
六四・一　馬場義続が検事総長
・三　岸本義広が大阪地裁堺支部で有罪判決
・七　池田勇人が自民党総裁に三選
・一一　佐藤栄作内閣成立
六五・三　東京都議会汚職
・四　吹原産業事件で吹原弘宣、森脇将光ら逮捕
・九　岸本義広死去／河井信太郎が東京地検次席

【関係年表】

・一二　森脇・大橋事件
六六・八　田中彰治事件
・九　井本台吉が東京高検検事長
・一二　衆院黒い霧解散
六七・二　共和製糖事件
・一一　馬場義続が退官、井本台吉が検事総長
・一二　大阪タクシー汚職で衆院議員・関谷勝利を逮捕
六八・二　日通事件
・四　「花蝶」事件
七〇・三　井本台吉が退官、竹内寿平が検事総長

あとがき

本書の舞台となった法務省赤煉瓦棟、旧司法省本館は、霞が関中央官衙のうち最も皇居近くに位置する。本格的なドイツ・ネオバロック様式の外観に特徴があり、都心に残る明治期の建造物として歴史的に貴重なため、復原工事後に重要文化財（外観）に指定されている。

明治新政府が招聘したドイツ人建築家H・エンデとW・ベックマンの設計に基づき、工事監理に河合浩蔵が参画して着工した。大日本帝国憲法発布の前年、一八八八（明治二一）年のことである。七年の歳月と九九万円余の経費をかけ、九五（同二八）年に司法省本館として完成した。

建物は、ほぼ左右相称であり、向かって左側は司法大臣官邸、右側は司法省として使用された。官邸の舞踏室では、しばしば外国人を招いて舞踏会が催されたという。地下には海神（わだつみ）のレリーフが刻まれた煉瓦が敷かれ、昔この土地が日比谷入江と呼ばれた海であったことを思い起こさせる。

赤煉瓦棟は、日本の司法制度の近代化を欧米に誇示するため、明治政府の不平等条約改正への思いを込めたシンボルであった。いまや日本の近代司法の歴史一三〇年を象徴する建造物である。

かつて外国使臣は横浜から汽車で新橋駅頭に降り立った。そこから馬車に乗り、虎ノ門を右折し、桜田門から宮中に入った。司法省や大審院など西欧建築の前を通り、日本の近代化を目の当たりにしたのだろう。

近代司法制度の確立に奔走した初代司法卿・江藤新平は、「佐賀の乱」に敗れてすでに「除族ノ上梟首」となっており、この赤煉瓦の司法省を見ることはなかった。江藤の裁判は、内務卿・大久保利通による政敵抹殺のための政治裁判の感を否めない。荷察を極めた裁判により、外国から「司法権の独立」を疑われ、不平等条約改正に障害を生じたという。

関東大震災では被害をほとんど受けなかったが、太平洋戦争末期、米軍機の東京大空襲により煉瓦外壁を残して焼失した。敗戦後、屋根などの改修工事を経て、一九五〇（昭和二五）年から法務庁、その後に法務府、法務省として使用されるようになった。

約五〇年前となる造船疑獄と指揮権発動のころには、二階の向かって左翼側最端に法務大臣室が、右翼側最端に検事総長室があった。両室を結ぶのは、百数十メートルに達する赤絨毯の敷かれた廊下一本だけである。

現在、赤煉瓦棟には、法務総合研究所と法務図書館が入り、法務本省と検察庁は日比谷公園に面した中央合同庁舎に収まっている。南側に検察庁、北側に法務省が入り、各上層階に検事総長室と法務大臣室がある。

検事総長、法務大臣の部屋には、高さ五、六〇センチほどの、ギリシャ神話の「法の女神」であるテーミスのブロンズ像がそれぞれ置かれている。

検事総長室にある女神像は、正義の短剣を右手に振りかざし、公平の天秤を左手に持ち、無私の目隠しをしている。一方、法務大臣室に飾られているテーミス像は目隠しをし、天秤を右手にかざし、左手の長剣の切っ先を地に下ろしている。ふたりとも目隠しをして真実を見まいとしているわけではないだろうが、「法の女神」の表情も微妙に異なるものである。

筆者は、かつて共同通信社の政治部記者として、十数年にわたり法務省と検察庁の取材を担当した。その時代の法務省は赤煉瓦棟にあった。明治の残光を放つ重厚な建物は往時をしのばせた。深夜、オレンジ色の丸電球に照らされた赤絨毯の上をひとり歩いていると、ひっそりと静まりかえった廊下の向こうから、指揮権発動当時の人びとの喧噪がさながら聞こえくるようだった。

またある与党幹部について松山市へ同行取材した際、東京・赤坂から移築された料亭「中川」の数寄屋造りの座敷を、偶然にみることができた。造船疑獄の舞台となったあの座敷である。その与党幹部は後に、収賄事件で逮捕・起訴され、有罪となった。ほんとうに奇しき因縁といえよう。

日本の講和・独立直後に起きた造船疑獄と指揮権発動の真相を解き明かすことによって、表舞台の裏側で激しく繰り広げられた検察権力と政治権力の対立・暗闘、かけ引きと政治的妥協、両者の内部矛盾を描いたつもりだ。いまの検察と政治の関係の原点でもある。

本書は、筆者三〇年間の記者生活のいわば卒業論文として、現役時代に取材し終え、書き上げた。かつて数年間にわたり月刊誌に連載した戦後日本検察史を基に書き下ろしたものである。ジャーナリズム的方法とアカデミズム的方法の融合をめざしたが、どこまで達成できたかはわからない。

古巣の共同通信社の先輩記者・水藤晋さんには拙稿に詳細なアドバイスを、友人のジャーナリストたちからは変わらぬ励ましを受けた。法務省特別顧問室の高山京子さんのお力添えと信山社の渡辺左近さんのご厚情によって、はじめて本書の上梓は可能になった。

そしてあえて一人ひとりのお名前を挙げないが、故人を含めた元職、現職の法務省・検察庁の関係者のご協力がなければ、本書は永遠に日の目をみることはなかっただろう。

みなさまに心より深く感謝申し上げます。

二〇〇五年七月一四日　　渡邉文幸

著者紹介 ——

渡 邉 文 幸（わたなべ　ふみゆき）

1948年静岡生まれ。早大第1文学部卒業。東大新聞研究所研究生。74年共同通信社入社。東京本社社会部、広島、京都各支局、大阪支社社会部、本社政治部、メディア局編集部次長などを経て、04年9月に退社。同10月より法務省大臣官房秘書課広報企画アドバイザー。法曹記者として、司法制度改革やオウム破防法規制請求、民商事・刑事法改正など、法務・検察全般を取材した。著書に「法務省」（インターメディア出版01）、論文に「法務省・検察庁研究」（「月刊官界」97.3—98.4）、「検事総長たちの事件史」（「法律のひろば」98.10—02.5）など。

指揮権発動——造船疑獄と戦後検察の確立——

2005年（平成17年）7月20日　第1版第1刷発行

著　者　渡　邉　文　幸

発行者　今　井　貴
　　　　渡　辺　左　近

発行所　信山社出版株式会社

〒113-0033　東京都文京区本郷6-2-9-102
電　話　03（3818）1019
FAX　03（3818）0344

Printed in Japan

印刷・製本／暁印刷

ISBN 4-7972-2434-7　C3332